Amenazas Persistentes Avanzadas

* * * * *

Antonio Villalón
Director de Seguridad – S2 Grupo

NAUllibres

© De esta edición:

Nau Llibres

Periodista Badía 10. 46010 València
Tel.: 96 360 33 36
Fax: 96 332 55 82
E-mail: nau@naullibres.com
web: www.naullibres.com

Diseño y maquetación:
Pablo Navarro, Nerina Navarrete y Artes Digitales Nau Llibres

Diseño de cubierta e ilustración:
S2 Grupo

ISBNs Nau Llibres

ISBN_papel: 978-84-16926-09-1
Depósito Legal: V-2614-2016

ISBN_ePub: 978-84-16926-10-7
ISBN_mobi: 978-84-16926-11-4
ISBN_PDF: 978-84-16926-12-1

Impresión: Podiprint

Para Raquel, Teresa y Lucía

Índice

Antes de comenzar...

Este documento ha sido realizado principalmente en trenes y hoteles de toda España, sobre todo en el trayecto en AVE Valencia-Madrid-Valencia del que disfruto con asiduidad. En él, escrito desde la perspectiva de seguridad defensiva en términos generales (aunque hay casos en los que se aplica el rol del atacante, algo que puede deducirse fácilmente por el contexto), se tratan de exponer desde los principales actores que juegan en el terreno del robo de información hasta las aproximaciones de defensa frente a los mismos, pasando por las tácticas, técnicas y procedimientos que en uno y otro lado aplicaremos. Todo ello enmarcado, o al menos tratado de enmarcar, en eso que llamamos ciberinteligencia, esa palabra tan de moda.

Como en cualquier trabajo que toca estos temas, espinosos en ocasiones, es necesario incluir el correspondiente *disclaimer*: todo, absolutamente todo lo que aparece en este trabajo refleja una aproximación personal mía y de nadie más, sobre todo para lo malo. Toda la información reflejada en el documento ha sido obtenida de fuentes públicas, y en algunos casos no expresa más que la propia opinión del autor, ya que por supuesto no existen pruebas que la sustenten. Dicho de otra forma, yo puedo opinar que un país o grupo determinado es especialmente activo o resulta una amenaza para nosotros, pero no tengo pruebas de ello y por tanto no es más que mi opinión. Adicionalmente, durante la realización del trabajo he tratado de huir en todo momento –no sé si lo habré conseguido– de términos como "los buenos" o "los malos"; en esta guerra no hay ni buenos ni malos, sino que cada uno ejerce sus tareas en el rol que tiene asignado en cada momento: hoy estás aquí, mañana estás allí... Los que tratan de robarnos información no tienen por qué ser ni peores ni mejores que nosotros.

Quiero dar las gracias a todos los que habéis leído este documento antes de ser publicado y me habéis facilitado críticas, que siempre han sido constructivas; sobre todo, una vez más, a **Ismael Ripoll** (UPV, Universidad Politécnica de Valencia), por sus acertados comentarios al borrador de este trabajo. Además de sus comentarios, también agradezco especialmente a **Félix** (CIFAS, Centro de Inteligencia de las Fuerzas Armadas) esas conversaciones relativas a seguridad, defensa e inteligencia hasta altas horas de la madrugada, en las que acabamos hablando de lo humano y lo divino.

Pero, sin duda, si a alguien tengo que darle especialmente las gracias es a **Raquel, Teresa y Lucía**. Por aguantarme a mi (y sobre todo a mis viajes) y por apoyarme en todo momento; como no podía ser de otra forma, a ellas tres van dedicadas estas páginas.

AVE Madrid-Valencia, marzo de 2016

Prólogo

This page intentionally left blank

1 | Introducción

1.1. Inteligencia

La OTAN ([24]) define el término **inteligencia** como el **producto** resultante del procesamiento de información relativa a naciones extranjeras, fuerzas o elementos hostiles o potencialmente hostiles o áreas de operaciones reales o potenciales, y también aplica el término a la **actividad** cuyo resultado es justamente este producto, esta inteligencia. Suavizando este concepto militar, podríamos hablar de inteligencia como el producto resultante de un análisis de información cuyo objeto es facilitar la toma de decisiones: alguien (una autoridad, un estado, una organización...) tiene unas necesidades de información concretas, necesidades que son satisfechas mediante la obtención y el análisis de datos para tratar de dar respuesta, con mayor o menor precisión, a esas necesidades.

Para producir inteligencia es necesario abordar una serie de etapas predefinidas y de tareas en cada una de ellas. En el *CIA Factbook on Intelligence,* se define el llamado **ciclo de inteligencia**, que especifica el proceso de generar inteligencia a partir de datos "en crudo", inteligencia que pueda ser utilizada convenientemente para la toma de decisiones. Este ciclo consta de cinco etapas (existen modificaciones al mismo, que no lo modifican sustancialmente y que no son significativas para el presente documento):

- **Planificación**. Es la etapa inicial del ciclo, que permite identificar necesidades específicas y requerimientos de información. Será realimentada nuevamente por la diseminación de información final del ciclo.
- **Recopilación**. Es la obtención de la información necesaria para producir inteligencia a partir de múltiples fuentes –desde agentes secretos a simples periódicos–, tal y como se indica a continuación.
- **Procesamiento**. Es la conversión de la información recopilada en formatos utilizables para el análisis, desde sus aspectos técnicos (XML, texto plano...) hasta aspectos como el descifrado, la traducción o la reducción de datos.
- **Análisis y producción**. Los datos que se han procesado previamente deben ser integrados, evaluados y analizados, bien de forma automática, bien de forma manual (por especialistas en diferentes ámbitos), para integrarse en un todo coherente, contextuado y que pueda ser trasladado a quien deba tomar decisiones: la inteligencia.
- **Diseminación**. Es el último paso del ciclo, que como hemos dicho realimenta al primero. Consiste en proporcionar la inteligencia generada con anterioridad a los actores, de forma que estos tomen decisiones –que muchas veces serán nuevos requisitos de información.

Una vez se ha decidido qué información se requiere, es decir, se han establecido las necesidades de información, y se planifica su obtención (requisitos, fuentes, posibilidades o técnicas de adquisición...), entra en juego la **adquisición** de dicha información. Para esta tarea existen diferentes disciplinas de *intelligence gathering* o adquisición de inteligencia (realmente, de información); las más habituales son las siguientes:

- HUMINT (*Human Intelligence*), sin duda, la disciplina de adquisición más antigua, generada mediante agentes de campo, oficiales, interrogatorios, confidentes..., técnicas en definitiva que requieren cierta interacción entre personas.

- GEOINT (*Geospatial Intelligence*), generada a partir de los datos proporcionados por satélites, observación sobre el terreno, mapas, etc. Dentro de esta disciplina, se denomina IMINT (*Imagery Intelligence*) a la inteligencia de imágenes adquiridas por satélites o fotografías aéreas.
- MASINT (*Measurement and Signature Intelligence*), obtenida a partir del análisis de datos de medidas y señales: nucleares, de radar, de radiofrecuencia...
- OSINT (*Open Source Intelligence*), obtenida desde el análisis de datos públicamente disponibles (en Internet, adquiridos en entrevistas, congresos...).
- SIGINT (*Signals Intelligence*), generada a partir de la interceptación de señales, con dos grandes familias: COMINT (*Communications Intelligence*) y ELINT (*Electronic Intelligence*), esta última obtenida del análisis de señales electrónicas que, a diferencia de COMINT, no contienen datos ni texto.
- TECHINT (*Technical Intelligence*), obtenida a partir del análisis de armas o equipamiento de un tercero.
- FININT (*Financial Intelligence*), obtenida tras el análisis de transacciones económicas.

Aunque existen más disciplinas o subdivisiones y también consideraciones de detalle de muchas de las anteriores, la relación básica como introducción al concepto de adquisición de datos es la expuesta aquí. Tras haber obtenido, a través de cualquiera de estas disciplinas, los datos requeridos y de procesarlos –como hemos dicho, aspectos asociados a la traducción, normalización, etc.– entra en juego el análisis de la información generada. Este análisis lo abordarán probablemente personas y equipos diferentes a los que han participado en la adquisición de datos, por dos motivos principales: el primero, obvio, de calidad, y es que el análisis requerirá de expertos en diferentes materias –desde la economía hasta la política– que no tienen nada que ver con grupos operativos responsables de la adquisición, y el segundo es un motivo de seguridad. Si hacemos participar a equipos diferentes en el proceso, ninguno tendrá una visión completa del mismo y por tanto la protección de la inteligencia será mayor; por ejemplo, el equipo operativo sabrá que ha obtenido imágenes de satélite de una zona concreta de un país determinado, sin saber para qué, y el equipo analista determinará que en esa zona hay un despliegue militar, sin saber dónde. De esta manera, poca gente tendrá la información al completo para utilizarla de forma no adecuada.

1.2. Necesidades de información

Antes de orquestar una campaña o de lanzar un ataque personalizado, es decir, mucho antes de la fase de intrusión de una amenaza (que analizaremos posteriormente en este documento), alguien en algún lugar tendrá unas determinadas necesidades de información para la toma de decisiones; por ejemplo, a un estado involucrado en transacciones comerciales con otro le interesa los márgenes entre los que se mueve ese otro: dicho de otra forma, si estamos negociando la compra de gas con un país productor, una información vital para nosotros sería hasta cuánto está dispuesto a rebajar el precio nuestro interlocutor, ya que eso nos dará una posición privilegiada en nuestras negociaciones. Obvio, ¿no? Y recordemos que la mayor parte del espionaje actual es principalmente económico, incluso entre países amigos...

Las necesidades de información de, por ejemplo, un alto cargo gubernamental o militar son las que dan lugar a todo lo que vendrá a continuación, desde el ciclo de inteligencia hasta los ataques avanzados persistentes que forman parte de dicho ciclo, en la etapa de adquisición del mismo. Nada es casual: orquestar un ataque puede costar miles o millones de euros, y evidentemente este ataque no se lanza contra víctimas aleatorias, a diferencia de lo que suele suceder en el caso de un *phishing* bancario al uso. Así, todas las actividades posteriores en el ámbito de la inteligencia tienen su origen en las necesidades de información que se plantean a un determinado grupo o servicio.

Cuando se identifican estas necesidades de información, comienza el ciclo de inteligencia, con la etapa de planificación, determinando cómo adquirir los datos necesarios para generar la inteligencia. Si el atacante determina que la adquisición SIGINT/COMINT es la apropiada, comenzará la etapa de adquisición del ciclo con las fases de lo que conocemos habitualmente como APT (reconocimiento, intrusión y persistencia). Si la adquisición apropiada fuera la humana clandestina, no hablaríamos tanto de APT, aunque también podríamos, sino de espionaje clásico; si fuera la extorsión a un empleado, hablaríamos simplemente de delitos. Aunque hoy en día una fuente importantísima de información será SIGINT, de bajo riesgo para el atacante, no debemos menospreciar ninguna otra disciplina de adquisición: la amenaza aprovechará la que le resulte más sencilla desde un punto de vista técnico, económico, reputacional..., y si es más sencillo pagar a personal del objetivo para que nos facilite la información que buscamos que comprar varios *0-day* y orquestar un ataque dirigido, sin duda el atacante optará por esa primera opción.

Veremos a continuación que al hablar de ciberinteligencia frente a la inteligencia clásica hacemos referencia casi en exclusiva a una capacidad analítica o, sencillamente, a la adquisición de datos (en este caso, asociado a eso que llamamos ciberespacio); el análisis, por poner un ejemplo, será similar si los datos han sido obtenidos a través de la interceptación de comunicaciones, del robo físico de documentos o de una fuente humana. De esta forma, dado que el atacante siempre utilizará la o las disciplinas de adquisición más adecuadas en cada caso, es muy importante el despliegue de las capacidades tecnológicas para dificultar su objetivo, pero lo es igualmente el despliegue de capacidades humanas, físicas o normativas para realizar esta misma tarea; no descuidemos la concienciación del personal o la protección de la documentación, porque si ese es nuestro punto débil, por muchas capacidades de vigilancia de los sistemas y las redes que despleguemos, el atacante lo sabrá y lo aprovechará en beneficio propio.

1.3. Ciberinteligencia

Desde los años setenta la adquisición SIGINT se ha convertido en la principal fuente de generación de inteligencia, superando –y cada vez más– a la disciplina HUMINT ([25]). Esto, obviamente, no es casual: las tecnologías, desde el fax o el teletipo hace años, a las redes de computadores en la actualidad, son un componente básico para el procesamiento de nuestra información. Almacenar información en un *pendrive* USB es más cómodo y más barato que hacerlo en archivadores de papel, por poner solo un ejemplo, con lo que parece obvio que la tendencia sea utilizar cada vez más medios tecnológicos, relegando los clásicos a un segundo plano. El ámbito de la inteligencia no es ajeno a esta situación: adquirir información mediante interceptación de comunicaciones, en vez de hacerlo mediante operaciones HUMINT encubiertas, seguramente sea más rentable, más efectivo y, sobre todo, de menor riesgo para el servicio.

Este uso de las nuevas tecnologías en el ámbito de la inteligencia sucede en multitud de campos, como el terrorismo, la seguridad o la defensa; tanto es así, que hemos acuñado el prefijo *ciber* en todos ellos –y en algunos más–: ciberguerra, ciberterrorismo, ciberseguridad, ciberdefensa... Realmente, en la mayoría de ocasiones, con este prefijo no estamos refiriéndonos más que a hacer por otros medios –por los medios *ciber*– lo que se ha hecho toda la vida por medios menos tecnológicos; en el caso de lo que llamamos ciberinteligencia (**CYBINT**, *Cyber Intelligence*) solemos hacer referencia –aunque la definición no es cerrada– a la capacidad analítica que, a partir de la información adquirida a través de disciplinas clásicas aunque focalizadas en el ciberespacio, es capaz de generar un producto útil para la toma de decisiones sobre aspectos pertenecientes a operaciones en el ámbito cibernético, en eso que llamamos el quinto dominio (tras tierra, mar, aire y espacio). Una buena **definición** puede ser la proporcionada por [30], y que viene a decir que la ciberinteligencia consiste en la adquisición y el análisis de información para identificar, rastrear y predecir capacidades cibernéticas, intenciones y actividades que faciliten medidas para mejorar la toma de decisiones; simplificando, un concepto de inteligencia más o menos tradicional pero llevado al ámbito cibernético.

Otra palabra con este prefijo es **ciberespionaje**, el robo de información –obviamente clandestino– a través de medios tecnológicos: algo tan antiguo como la propia tecnología pero que en los últimos tiempos ha saltado a los medios generalistas, y que por tanto se hace merecedor de ese prefijo ciber... Este robo de información, este ciberespionaje si así lo queremos llamar, es en la mayor parte de ocasiones el objetivo último de las amenazas persistentes avanzadas, como iremos desgranando en este documento.

En la práctica, lo que llamamos ciberinteligencia se puede nutrir de cualquiera de las disciplinas de adquisición de datos indicadas previamente; en general, la adquisición será una combinación de HUMINT (el trabajo de fuentes humanas), SIGINT (interceptación de comunicaciones, en especial COMINT), TECHINT (análisis de artefactos o piezas de malware utilizadas por un atacante) y, por supuesto, OSINT (análisis de fuentes abiertas que nos pueden proporcionar datos útiles sobre riesgos potenciales para nuestra organización). Todas las etapas del ciclo de inteligencia son de aplicación a la ciberinteligencia, que como hemos indicado no es más que la inteligencia clásica en este quinto dominio de confrontación; quizás la diferencia principal del ámbito ciber con respecto al ámbito clásico es el tiempo de vida de la información obtenida o de la inteligencia generada en el primero de ellos, mucho menor que el tiempo de vida de la inteligencia tradicional, debido en parte a la velocidad del cambio en este nuevo medio.

1.4. Amenazas Persistentes Avanzadas

Según la Enciclopedia *Britannica*, el término APT (*Advanced Persistent Threat*, Amenaza Persistente Avanzada) se acuña a finales de la primera década de este siglo y tiene su origen en el Departamento de Defensa estadounidense, para hacer referencia a los esfuerzos chinos en el ámbito del ciberespionaje contra los intereses de seguridad nacional estadounidenses. Otras fuentes hilan más fino y atribuyen su origen a la fuerza aérea estadounidense (USAF) en el año 2006, incluso citando con empleo, nombre y apellidos a la persona que lo utilizó por primera vez para hacer referencia a esas actividades supuestamente chinas que trataban de atacar los intereses estadounidenses mediante el robo de información.

Sea como sea, lo que está claro es que, a día de hoy, APT es uno de los términos más manidos que existen en el ámbito de la seguridad, por lo que no vamos a hacer mucho hincapié en sus diferentes acepciones o definiciones; como hemos visto, extendiendo las diferentes definiciones de términos –APT incluido– que acabamos de proporcionar, todas ellas aproximadas, y agrupándolas en nuestra cabeza, podemos entender la denominación APT como un **proceso orquestado por un tercero** (generalmente una organización, un grupo delictivo, una empresa, un estado...) **con la intención y la capacidad de atacar de forma avanzada –a través de múltiples vectores– y continuada en el tiempo, un objetivo determinado** (la competencia, un estado, un sector...). No obstante, con frecuencia nos referimos a la herramienta de ese tipo de ataques, al *malware* dirigido y todo lo que lleva asociado (técnicas de intrusión, persistencia...) como APT o, simplemente, al malware en sí, a la herramienta que esos grupos organizados utilizan para sus ataques. Aunque esta acepción, *a priori* incorrecta, es cada vez más utilizada, realmente y utilizando un símil bélico, el malware sería la bomba que causa el daño directo, pero para lanzar esa bomba hace falta mucho trabajo en el diseño de la misma, en la inteligencia para saber dónde y cuándo lanzarla o en el pilotaje del propio bombardero.

A pesar de la confusión en lo que entendemos por APT, en lo que todo el mundo está de acuerdo es que este tipo de amenazas se caracteriza por los propios componentes de su denominación:

- **Amenaza**. Se trata de amenazas orquestadas por grupos con una elevada capacidad para obtener la información que requieren, por ejemplo servicios de información o mafias organizadas. El atacante tiene interés en nosotros y en nuestra información, así como recursos para obtenerla.
- **Persistente**. El atacante trata por todos los medios de mantener el control de la infraestructura de su víctima, con el despliegue de las capacidades necesarias para persistir en su objetivo e incluso para recuperar el control si este se pierde. Para lograr este objetivo, el *malware* o cualesquiera capacidades desplegadas en la red objetivo serán lo más sigilosas posible, evitando su detección mediante herramientas de seguridad tradicionales.

- **Avanzada**. El atacante utiliza varios vectores de intrusión y persistencia para obtener y mantener el acceso a la red de una organización, evitando su detección. Para ello utiliza técnicas que explotan vulnerabilidades conocidas o no (*0-days*), incluso diseñadas *ad hoc* para las aplicaciones y sistemas de una organización objetivo. Es necesario destacar que la "A" de "avanzada" no hace necesariamente referencia a un *malware* avanzado, sino a las capacidades avanzadas del propio atacante –por ejemplo, usando el *malware* más apropiado en cada ataque.

Una amenaza persistente avanzada puede tener diferentes objetivos: el robo de información (ciberespionaje), el beneficio económico (ciberdelito), la provocación de daños o terror (ciberterrorismo), la reivindicación (ciberactivismo) o la superioridad en el ciberespacio (ciberguerra); por supuesto, en función de sus objetivos, la APT tendrá como actores estados, mafias organizadas, grupos terroristas o activistas o ejércitos. No obstante, las APT más habituales están orientadas al robo de información sensible: al espionaje o ciberespionaje, como ahora nos gusta llamarlo, tanto de estado como industrial. Por ello, hablaremos principalmente de las amenazas avanzadas orientadas a esta actividad, que son la mayoría (APT como Stuxnet, dirigidas al sabotaje industrial, son minoría), aunque dedicaremos un apartado a hablar del sabotaje mediante capacidades APT.

Para lograr sus fines, una APT analizará en primera instancia a su víctima para identificar –incluso con nombre y apellidos, como veremos más adelante– su objetivo u objetivos dentro de la organización atacada. Con esta identificación y el análisis realizado determinará la mejor forma de introducirse en su objetivo y, una vez logrado esto, se mantendrá en él el mayor tiempo posible, de manera sigilosa, robando la información requerida por el atacante (esto es, exfiltrándola de la organización). Estas etapas del funcionamiento de la amenaza se denominan reconocimiento, intrusión y persistencia respectivamente, y serán analizadas con mayor detalle en este mismo documento.

1.5. CNO, SIGINT, APT...

En el contexto en el que estamos hablando en este documento, asociado a la inteligencia o a la ciberinteligencia, ¿qué rol juega lo que hemos presentado como amenaza persistente avanzada? En este punto es interesante hablar de lo que militarmente se ha venido denominando, desde hace años, **CNO**[1]: *Computer Network Operations*, operaciones sobre redes de computadores. Este término, la capacidad CNO, constituye –al menos en terminología militar estadounidense, que por supuesto es importante pero no la única– una de las grandes patas de las Operaciones de Información (IO, *Information Operations*), junto a Operaciones Psicológicas (PSYOP), Decepción Militar (MILDEC), Seguridad de las Operaciones (OPSEC) y Guerra Electrónica (EW).

Las capacidades CNO tienen un doble objetivo militar: por un lado, el control o degradación de los sistemas del enemigo, dificultando su toma de decisiones, y, por otro, la protección de los sistemas y tecnologías propios, para evitar igualmente su control o degradación. Se dividen en CNA (*Computer Network Attack*), CND (*Computer Network Defense*) y CNE (*Computer Network Exploitation*), que podríamos traducir por Capacidad de Ataque, Capacidad de Defensa y Capacidad de Explotación, respectivamente. Esta última capacidad, la de Explotación, se define como la dirigida a la adquisición de inteligencia a través de la explotación de datos obtenidos de las infraestructuras tecnológicas del contrario: una de las principales actividades de lo entendemos como APT, concepto que podríamos denominar como amenazas que ejecutan acciones CNE avanzadas (generalmente, porque si la amenaza se orienta a sabotaje, deberíamos hablar de acciones CNA).

La frontera entre el término militar CNO y el término de inteligencia SIGINT cada vez está más difuminada, y de hecho en algunos casos es inexistente; si hablamos desde un punto de vista menos militar (ataque vs. defensa), más focalizado en inteligencia global sin apellido y ligado a las disciplinas de adquisición anteriormente referenciadas, podríamos clasificar las APT como

1 El término ha sido eliminado en la última revisión del documento JP3-13 ([31]).

amenazas basadas en capacidades **SIGINT** o incluso **COMINT**. Realmente, no son más que la interceptación de señales (de comunicaciones), pero con una particularidad muy importante frente a otras capacidades dentro de la misma disciplina de adquisición (satélites, pinchazos telefónicos, *sniffing* de redes... o la simple escucha de conversaciones), y es que la adquisición es, en este caso, **activa**, mediante ataque (aquí entraría el concepto CNA) a la tecnología del objetivo para modificarla en beneficio propio. Dicho de otra forma, alteramos el comportamiento y la funcionalidad de un entorno para que nos proporcione los datos que queremos adquirir, frente a, por ejemplo, una adquisición pasiva de información. ¿Y cómo se produce esa alteración? Mediante software dañino –*malware*–, el método más barato (o menos caro) o mediante elementos hardware, lo que la NSA denomina amablemente implantes, al igual que denomina a estas actividades como *SIGINT Enabling Project*, otro término amable, en este caso para referirse a la modificación de elementos para robar información de los mismos: si los sistemas no nos dan la información por sí mismos, los alteraremos para que lo hagan.

El esquema clásico de APT, el que todos asumimos casi de forma inconsciente para las amenazas, no es más que la adquisición de inteligencia basada en técnicas CNO y con ciertas particularidades operativas, como las fases del ataque. Hace años que las operaciones sobre redes se han incluido en la adquisición de inteligencia, no solo en un ámbito militar, y las APT son una buena muestra de ello: estas amenazas no se focalizan exclusivamente en los intereses militares o de defensa, sino que amplían sus capacidades hacia objetivos de todo tipo, desde económicos hasta geopolíticos. Estamos hablando de espionaje, de ciberespionaje, de la adquisición avanzada de información mediante capacidades *ciber* (ojo, que no tiene por qué ser lo mismo que ciberinteligencia).

1.6. Seguridad tradicional

Hasta hace unos años, al hablar de seguridad, en la mayor parte de organizaciones nos focalizábamos en ataques, dirigidos o no, estáticos (esto es, rara vez se adaptaban a los condicionantes de un entorno concreto) y muy visibles, incluso masivos, con origen generalmente fuera del perímetro de la organización; de esta forma, la defensa consistía –y consiste– en la vigilancia y el bloqueo de tráficos considerados dañinos por cualquier motivo, así como de un mantenimiento correcto de los sistemas de información: parches y vulnerabilidades, gestión de usuarios, etc. El tiempo real –o correcto, más bien– era básico en la detección y respuesta, y el perímetro estaba perfectamente definido: Internet y nosotros.

En la actualidad estos ataques se siguen produciendo, por supuesto –recordemos que en seguridad cualquier cosa, mala o buena, rara vez sustituye a otra, sino que la complementa–, y la forma de combatirlos es la expuesta; pero, adicionalmente, el problema al que nos enfrentamos es que los atacantes han cambiado, o al menos lo han hecho sus formas, mientras que las herramientas y las técnicas defensivas no lo han hecho a la misma velocidad: cuando una organización se enfrenta a un ataque APT se enfrenta no a un ataque aislado –dirigido o no– o a un grupúsculo de *hackers* con mayor o menor tiempo y recursos; se enfrenta a una gran organización (pensemos en una empresa grande, de nuestra competencia, o incluso en un servicio de inteligencia de un país como los citados en este documento). Los equipos de ataque están perfectamente organizados para lograr su objetivo sin ser detectados, y las tareas de cada uno de los miembros del equipo estarán perfectamente identificadas y segregadas, como sucede al hablar de inteligencia convencional: igual que el agente de campo desconoce para qué es la información que proporciona, el programador del malware muy posiblemente desconozca dónde se va a lanzar su bomba.

Con estos enemigos al otro lado, no es de extrañar que las herramientas de seguridad tradicionales (cortafuegos, IDS, antivirus, P&V...) sean de poca utilidad para hacer frente a estas amenazas, ni siquiera a los aspectos más técnicos de las mismas, como el malware avanzado. La mayor parte de estas herramientas están orientadas a la detección de ataques conocidos, siendo su capacidad de detección de ataques noveles inexistente o bastante reducida; adicionalmente, también suelen diseñarse con una fuerte componente de seguridad perimetral, sin considerar planteamientos técnicos como los asociados a APT. Pero mucho más importante que esto es que las herramientas tradicionales están orientadas a la seguridad técnica, mientras que las APT van mucho más lejos: más allá de un malware avanzado o no, o de unas capacidades técnicas de intrusión o persistencia, la APT es un ataque organizado en el que el componente tecnológico es obviamente importante, pero lo es igualmente el componente humano. Y, como se suele decir, no hay ningún firewall que cierre el agujero de seguridad que abren los usuarios.

El espionaje es tan antiguo como la humanidad, y el ciberespionaje tampoco es nada nuevo; desde que las redes de computadores se utilizan para intercambiar información, ha sido patente el interés de muchas personas en esa información. En 1989 Cliff Stoll publicó *El huevo del cuco*, una apasionante lectura en la que se narra en primera persona cómo la investigación de un error de menos de un dólar en la contabilidad del sistema informático del *Lawrence Berkeley National Laboratory* puso al descubierto el espionaje soviético contra intereses de defensa estadounidenses. En estos años han cambiado las técnicas, pero desde luego no los intereses.

2 | Actores principales

¿Quién está detrás de una APT? Las amenazas, hoy en día, provienen principalmente de dos fuentes: los estados y los grupos organizados, estos últimos quizás directamente ligados a los primeros o, al menos, con algún tipo de apoyo estatal. Los estados trabajan de forma habitual en el ámbito del espionaje estatal (ojo, esto incluye muchos tipos de intereses, no solo geopolíticos o de defensa), entre países amigos o no amigos, mientras que los grupos trabajan en el ámbito del espionaje industrial: nuestra competencia les paga para que nos roben información sensible –un nuevo diseño, un plano, una idea, un plan estratégico...–, información que por supuesto vale mucho dinero. ¿Cuánto cuesta el diseño de, por ejemplo, un caza de combate o, siendo más mundano, una nueva tableta? Nuestra competencia pagará hasta un euro menos por ese mismo diseño: es más barato copiar que idear y diseñar.

Presentamos en este apartado algunas reflexiones sobre la atribución de amenazas persistentes avanzadas y, con dichas reflexiones en mente, algunos de los actores presuntamente representativos en el ámbito de las APT, así como el *malware* asociado a estas que mayor impacto y repercusión ha tenido, aunque como siempre en seguridad, es de suponer que las amenazas más avanzadas y más dañinas no han visto aún la luz pública.

2.1. Atribución

Si recordamos el ciclo de inteligencia en el que enmarcamos las amenazas persistentes avanzadas, toda la actividad dañina comienza con unas necesidades de información que inician el ciclo; ya en ese ciclo, existe en primera instancia una planificación de las actividades a desarrollar y a continuación una adquisición de los datos relevantes para su procesamiento y análisis posteriores. La etapa del ciclo en la que el equipo analista trabaja habitualmente es la de adquisición y, para lograr la foto completa de la amenaza, debe remontarse hacia etapas anteriores a partir –y aquí radica gran parte del problema de la atribución– de unos artefactos o de unos indicadores atómicos (direcciones IP, nombres de host...) facilitados por el atacante, voluntaria... o involuntariamente. Dichos elementos serán la base, en muchos casos, del análisis completo, que debe tratar de establecer el *modus operandi* de la amenaza, su estrategia y, en especial, sus objetivos. En definitiva, el equipo analista debe recorrer el camino inverso al del atacante hasta llegar a las necesidades de información iniciales para, con toda esta información sobre la mesa, responder a las famosas 5W, de las que hablaremos más adelante y, en especial en el caso que nos ocupa, al *who*, a la atribución de la amenaza.

El proceso de análisis comienza con la identificación y extracción de artefactos dejados por el atacante tras su actividad o durante la misma; estos artefactos (*malware*, sistemas de mando y control, trazas de cualquier tipo en los sistemas objetivo...) y su contexto deben permitir al analista identificar, en la medida de lo posible, qué intereses tiene el atacante y qué estrategia sigue para conseguir sus objetivos, así como el modo en que trata de lograr dichos objetivos: las herramientas que utiliza y sus TTP. Quizás parte de los resultados se compartan con una comunidad más o menos amplia; en especial, en los últimos tiempos es muy habitual el intercambio de información bajo el nombre de *threat intelligence*. Incluso más *buzzword* que APT, este término hace referencia casi siempre a datos técnicos, por ejemplo nombres de dominios dañinos usados por las amenazas para la exfiltración o el mando y control, y como decía un artículo, desde luego la información intercambiada no puede considerarse inteligencia... más bien *threat*.

En este apartado vamos a tratar de recorrer ese camino inverso al que hacemos referencia. Antes de comenzar, un comentario: quizás debamos plantearnos que un aspecto clave para la atribución es la validación de la inteligencia obtenida mediante disciplinas de adquisición como SIGINT o TECHINT, que son las habituales. ¿Cómo puede realizarse dicha validación? Generalmente, mediante fuentes humanas (HUMINT) que, a través de cualquier técnica –intrusión en grupos, intercambio de información...–, nos permitan validar los datos obtenidos mediante otras disciplinas; el valor de las fuentes humanas suele ser superior al de la inteligencia obtenida a partir de disciplinas como la inteligencia técnica, aunque obviamente su adquisición es mucho más compleja que algo tan, entre comillas, simple como el análisis de *malware*.

2.1.1. Evidencias

La atribución, e incluso el análisis completo de una amenaza, se realiza con frecuencia desde un punto de vista demasiado tecnológico, basándonos en la inteligencia obtenida mediante análisis **TECHINT** de artefactos, infraestructuras C2, correos electrónicos... asociados a un determinado ataque o campaña. El equipo analista identificará características y patrones de comportamiento que diferentes campañas puedan compartir entre sí, desde nombres de servidores C&C en común, hasta estilos equivalentes en un *spear phishing* para la intrusión, el uso de los mismos *exploits* de día cero o las mismas herramientas o lenguajes de desarrollo para el *malware*. No obstante, esta aproximación focalizada en la tecnología suele ser muy limitada: de entrada, todo se puede alterar, desde las horas de compilación de un espécimen hasta el idioma del teclado con el que se ha programado, pasando por los registros DNS de los servidores de exfiltración. Adicionalmente, si el atacante hace bien su trabajo, será complicado adquirir información válida vía TECHINT para luego analizarla, con lo que se complica o imposibilita la atribución, al menos desde este punto de vista en exclusiva.

Aunque la principal vía de adquisición de datos relativos a una amenaza es obviamente la técnica, en la medida de lo posible este análisis no debe restringirse al ámbito tecnológico de las evidencias encontradas, sino que debe ir más allá: debe proporcionar al equipo analista la respuesta a diferentes preguntas –las 5W, de las que hablaremos más adelante, en el apartado dedicado a la gestión del incidente– entre las que, obviamente, debe encontrarse el quién ha podido orquestar el ataque. A partir de los indicadores obtenidos de artefactos intervenidos o de sistemas de mando y control a los que el equipo analista tenga acceso, por poner dos ejemplos, dicho equipo debe determinar intereses y estrategias del atacante (¿qué busca?) y su *modus operandi* y las herramientas utilizadas (¿cómo lo busca?). Esta información permitirá al analista, entre otras cosas, atribuir la amenaza a un origen determinado, al menos aparentemente, y para ello no basta con analizar a la perfección un espécimen de *malware* o los datos técnicos adquiridos de un sistema de mando y control: es necesaria la disciplina y las técnicas propias de la fase de análisis de un ciclo de inteligencia, desde el pensamiento inductivo o deductivo hasta la confrontación de hipótesis, actuaciones, etc.

Una visión interesante para el análisis TECHINT orientado a la atribución de amenazas persistentes avanzadas es la mostrada en [47], basada en indicadores asociados a cada etapa de un ataque –con las discusiones que la definición de etapas siempre puede plantear–, su maduración y su posterior explotación para la defensa de nuestras infraestructuras. Esta visión se apoya en un concepto clásico de la seguridad, el de *kill chain* –en la referencia anterior le llaman *cyber kill chain*–, un modelo militar que trata de identificar y describir las etapas necesarias para orquestar un ataque, permitiendo así contrarrestarlo de forma efectiva en cada una de ellas o al menos en la más fácil para el defensor, en aspectos tanto de generación de inteligencia como de defensa operativa.

2.1.2. TTP

En línea con la aproximación militar para la atribución de una amenaza, el análisis de las **TTP** (*Tactics, Techniques and Procedures*) de una APT permite determinar cómo se comporta la amenaza para poder buscar coincidencias con el comportamiento de algún grupo –en el sentido amplio de la palabra– previamente identificado o con determinadas campañas con las que se pueda encontrar una asociación. Estas TTP son los denominados indicadores de comportamiento de la amenaza, su *modus operandi*, y a pesar de que también se deducen a partir de los rastros facilitados por el atacante, su análisis y determinación suelen proporcionarnos más datos útiles que el simple análisis técnico de dichos rastros.

Por supuesto, en nuestra colección de *buzzwords* también tenemos que dejar un espacio para TTP; las tácticas, técnicas y procedimientos se definen en [50]. Sin entrar al detalle de su definición formal, podemos decir que los procedimientos marcan el detalle de cómo se ejecuta una tarea concreta; más subjetivas, las técnicas son –simplificando– formas operativas y particulares (incluso asociadas a una persona) de realizar esa tarea, y las tácticas pueden entenderse como las capacidades del atacante para emplear mecanismos que le permitan cumplir con sus objetivos: qué está haciendo, con independencia del cómo lo hace. Una buena explicación de cada concepto, junto al detalle para su análisis, puede encontrarse en [48].

Las TTP permiten a la amenaza poner en práctica las acciones concretas para cumplir sus objetivos; para ello, el atacante utilizará también herramientas que le faciliten ejecutar tareas determinadas, más o menos amplias. Todo ello nos muestra cómo trabaja el atacante, a través de las trazas dejadas en la operación, y debe permitir a un analista obtener información útil para la atribución del ataque, tanto artefactos como indicadores. Aunque con un único análisis podemos obtener información e indicadores atómicos que nos hagan sospechar de un actor determinado, es necesaria la comparación de diferentes análisis para atribuir con una probabilidad relevante una campaña a un determinado actor. Algunas fuentes de análisis pueden ser las asociadas a la gestión de incidentes en diferentes organizaciones, las asociadas a fuentes humanas o, sencillamente, las asociadas al intercambio de información entre grupos de interés.

2.1.3. Planificación

Como ya sabemos, a partir de sus necesidades de información, el atacante comenzará el ciclo mediante una planificación relativa a cómo obtener la inteligencia necesaria para satisfacer estas necesidades; esta planificación hará referencia a unos objetivos concretos –marcados por las propias necesidades de información– y a una estrategia para lograr dichos objetivos. Para el equipo analista, que recordemos trabaja en muchas ocasiones a partir de trazas dejadas por el propio atacante, identificar aspectos de la planificación es complejo: es muy difícil inferir, por ejemplo, a partir de una pieza de código dañino, los objetivos que persigue el atacante con el robo de información.

A la hora de identificar aspectos de la planificación de las actividades que ha realizado un atacante, en especial sus objetivos y estrategia, un apoyo fundamental para los datos ciber es la **información del contexto externo, sin este prefijo**. Dicho de otra forma: complementar la inteligencia que obtenemos a partir de las trazas dejadas por el atacante con inteligencia obtenida de otras fuentes, como las humanas, puede ser de gran ayuda para atribuir una campaña o amenaza concreta.

2.1.4. Necesidades de información

Como se indica una y otra vez en este apartado, uno de los grandes problemas (si no el principal) para la atribución al que nos enfrentamos en la actualidad es el origen de los datos de los que dispone el analista: en su mayor parte se trata de las trazas que el atacante deja en el entorno objetivo, junto al análisis de comportamiento que con mayor o menor fortuna podamos realizar. Ambos aspectos son manipulables por el atacante con relativa facilidad, como comentaremos en el apartado siguiente, y de hecho han salido a la luz documentos de diferentes servicios en los que se habla de las técnicas de decepción, lo que en términos militares podríamos denominar MILDEC (*Military Deception*), que tratan de engañar al analista simulando comportamientos falsos de la amenaza.

Para intentar contrarrestar este engaño, un aspecto crucial en la atribución suele ser el análisis de la **información de interés** para el atacante, siempre que sea posible; recordemos que el ciclo de inteligencia comenzaba con unas necesidades de información definidas, necesidades que el atacante busca cubrir y que rara vez cambiarán radicalmente. Si somos capaces de identificar qué busca una determinada amenaza, por encima de cualquier capacidad técnica, habremos avanzado enormemente en la atribución, aunque, como siempre, todo es falsificable; por supuesto, todo es falsificable, pero si el atacante es capaz de trabajar incluso con unas necesidades de información falsas, sin duda sus intereses en la operación son muy elevados.

Ya hemos hablado con anterioridad de las necesidades de información en el contexto de la inteligencia; estas necesidades son el origen de toda la actividad, de todo el ciclo de inteligencia, por lo que las evidencias que estudia un equipo analista deben ir en la línea de satisfacer estas necesidades. En especial el código dañino –adquisición de datos dirigida– y el estudio de la información que busca nuestro atacante (a partir del mismo código, de los datos exfiltrados o pre-exfiltrados o incluso de honeypots, de señuelos con información negativa) son los elementos que nos permitirán identificar cuál es la información de interés para el atacante.

Una vez identificada la información de interés (¿qué busca el atacante?), el equipo analista debe determinar por qué esa información es relevante para la amenaza. Por supuesto, este análisis excede, con mucho, al ámbito técnico, y en él deben intervenir diferentes grupos de conocimiento (desde política hasta diplomacia, defensa o relaciones internacionales), cuyo trabajo conjunto permita a la organización conocer en mayor profundidad a la amenaza y sus intereses. Es, pues, un análisis más ligado a la contrainteligencia –y a la etapa de análisis del ciclo de inteligencia– que a cualquier aspecto técnico, aunque sea el equipo tecnológico el que ponga a disposición de otras áreas de conocimiento la información necesaria para el análisis posterior.

Adicionalmente, la información robada debe ser identificada no solo como apoyo a la atribución, sino también para determinar qué sabe o puede saber la amenaza de nosotros o de nuestros datos. Este aspecto ya correspondería más a la gestión del incidente que a la atribución propiamente dicha, y es de vital importancia para tomar medidas, si es posible, que nos ayuden a mitigar el daño que nos ha causado el robo de información. Identificar esta información ayuda a la organización víctima, una vez ya nada se puede hacer para evitar que el atacante robe los datos –ya los ha robado–, a definir necesidades, estrategias, tácticas... en función del conocimiento de la información robada y del posible uso que la amenaza haga de ella. Recordemos: toda información tiene valor, incluyendo el conocimiento de la información que nos han robado.

2.1.5. El problema de la atribución

Es muy complicado, quizás imposible, atribuir a ciencia cierta el origen de una amenaza o de una campaña determinada; a diferencia de otras disciplinas de adquisición, en el ámbito ciber –hablemos de APT o no– no existe habitualmente interacción física de ningún tipo, por lo que lo más que puede hacer una víctima es darse cuenta de un compromiso, analizarlo desde múltiples puntos de vista (casi siempre a partir de las trazas dejadas por el atacante) y asociar el ataque con un origen determinado a partir de la información revisada.

El principal problema para la atribución de un ataque son estas trazas a las que hemos hecho referencia: las evidencias en las que se basa, si no todo, buena parte del análisis son casi siempre manipulables, ya que se trata de evidencias que el atacante ha dejado ver en un lugar, de forma involuntaria... o voluntaria. El atacante puede simular, tanto indicadores atómicos –direcciones IP, correos electrónicos, detalles del *malware*...–, como indicadores de comportamiento (las TTP) de manera relativamente sencilla; dicho de otra forma, la calidad de los datos de entrada al proceso que, entre otras cosas, permite la atribución es mala, lo que quizás no lo invalida por completo, pero sí siembra dudas sobre este proceso.

Pensemos en un actor que tiene interés en simular ser un atacante con un determinado origen y lanzar una campaña contra una víctima o víctimas determinadas: si conoce lo suficientemente bien al actor "usurpado", podría simular TTP, dejar evidencias, mostrar indicadores atómicos... que se asociaran a este actor. ¿Qué conseguiría con esta acción? Desde la generación de ruido para camuflar una operación real hasta la diseminación de información negativa, el lanzamiento de conflictos de apoyo... Estas operaciones, en las que un atacante falsea intencionadamente todo lo necesario para que la víctima determine un origen erróneo del ataque y lo atribuya a un tercero, se denominan operaciones false flag (de bandera falsa) y, seguramente, son utilizadas por diferentes grupos o servicios del mundo: de hecho, se han publicado documentos británicos referentes a este tipo de operaciones y su indudable interés.

Dejando de lado las operaciones de bandera falsa y asumiendo que las evidencias adquiridas por el equipo analista han sido facilitadas involuntariamente por el atacante –cosa que es mucho suponer– y que por tanto dan indicaciones reales de su posible origen, comienza buena parte del trabajo del analista o, mejor dicho, del equipo analista –la otra parte será concluir una operación *false flag*–: el estudio de las evidencias para tratar de atribuir el ataque a un actor concreto. Estas evidencias serán desde indicadores atómicos hasta artefactos dejados por el atacante en los sistemas comprometidos –tanto de la propia víctima como externos a ella, por ejemplo entornos de mando y control o de exfiltración–, pasando por los resultados del análisis del *modus operandi* del atacante realizado a partir del estudio de sus movimientos en la operación.

El análisis de toda la información a disposición del equipo generará la inteligencia necesaria para atribuir el ataque a un determinado actor... o no. No siempre es posible asociar campañas, malware o ataques a una amenaza concreta, pero, desde luego, si tras el análisis realizado no somos capaces de generar la inteligencia necesaria para dicha asociación, no podremos hacerlo en ningún caso, al menos mediante mecanismos TECHINT: deberemos recurrir a otras disciplinas de adquisición, por ejemplo HUMINT, para completar la instantánea del compromiso y su atribución. La inteligencia humana suele ser más fiable que la técnica, al menos en este ámbito, con lo que las fuentes humanas deben considerarse, siempre que sea posible, para confirmar o descartar una hipótesis.

Imaginemos que el equipo ha analizado todo lo analizable y ha llegado a una conclusión acerca del origen de un ataque; por la naturaleza de las amenazas persistentes avanzadas, dicho origen será, con toda probabilidad, o un estado o un grupo cercano a un estado, tal y como veremos más adelante. Aquí nos enfrentaremos al segundo problema de la atribución: la negación oficial. Aunque todo apunte a un determinado origen, desde los indicadores más técnicos hasta el comportamiento de la amenaza, ese origen –el ejemplo habitual es un estado–no tiene más que negar oficialmente cualquier actividad CNE. Y punto. Se acabó la discusión. Recordemos que casi toda la inteligencia generada es técnica, a partir de evidencias dejadas voluntaria o involuntariamente por el atacante, con lo que nuestro estudio no tiene mucha validez legal o diplomática para acusar al actor; será su palabra contra la nuestra, por supuesto. Es más: aunque apoyemos la inteligencia técnica con inteligencia proveniente de otras fuentes, seguirá siendo nuestra palabra contra la de un tercero. Así de simple, con lo que tendremos que contentarnos con la *presunta* atribución e identificación del origen... y con aprender para la siguiente, que la habrá.

Una alternativa

Si nuestro exhaustivo análisis de evidencias, de las que determinaremos intereses, técnicas, herramientas, capacidades... del atacante y finalmente el origen mismo del ataque –incluso atribuyéndolo a servicios concretos de un país determinado– falla por completo y somos incapaces de saber quién está detrás de una operación contra nosotros, en este documento facilitamos las herramientas que muchos analistas utilizan para determinar a ciencia cierta el origen de las amenazas; como siempre, no solo hay que exponer los problemas, sino plantear soluciones.

La herramienta de atribución principal es una pieza de software avanzado cuyo código clasificado ha visto la luz tras una importante fuga de información de las principales empresas del mundo que trabajan en el ámbito de la detección del compromiso y de la gestión de incidentes asociados a APT. Presentamos aquí su código fuente:

```
#!/bin/sh
COUNTRIES=”USA Russia China Israel France Germany”
```

```
c=`echo $COUNTRIES | awk '{print NF}'` export c
j=`expr $RANDOM % $c` export j
((j += 1))
echo $COUNTRIES | awk '{print $ENVIRON["j"]}'
```

Como podemos observar, aparecen en este código los principales estados que hipotéticamente tienen intereses en adquisición global de tráficos y, además, capacidad para abordarlos; hablaremos de ellos a continuación, en este mismo capítulo. La herramienta puede, además, ser adquirida en modo *software* (el código anterior) y también en forma de *hardware*; presentamos aquí el diseño para poder imprimir –por supuesto, con impresora 3D– la herramienta de atribución:

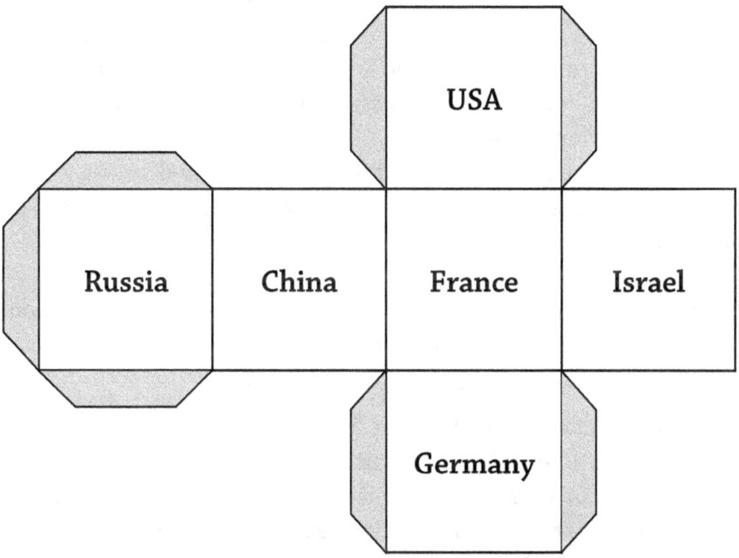

2.2. Los estados

Hemos hablando de los principales actores del ámbito de las amenazas persistentes avanzadas en la actualidad. Diferentes estados se caracterizan por una actividad elevada en esta materia, entre los que destacan, por supuesto, Estados Unidos de América, junto a Rusia o China, pero también otros países menos obvios para el público general, como Francia o Alemania. Como muchas actividades de inteligencia, las acciones de estos países son continuamente negadas de manera oficial, por lo que buena parte del resumen que aquí realizamos se basa exclusivamente en hipótesis de trabajo o hechos que hacen suponer una determinada actividad, siempre de manera aproximada y con todos los peros que atribuir a cualquiera, de forma tajante, este tipo de acciones, implica.

Los objetivos de los diferentes estados en el ámbito APT –o de sus servicios correspondientes, o de los diferentes grupos que se asocian a cada país– dependen por supuesto de las necesidades de información que cada uno de estos estados tiene desde un punto de vista global. En términos generales, el espionaje chino está principalmente focalizado en el ámbito industrial e intelectual (es decir, con un beneficio económico casi directo), mientras que el ruso tiene objetivos más geoestratégicos o de defensa y menos económicos; Estados Unidos juega en otra división y tiene unas capacidades tecnológicas muy superiores a las del resto de jugadores, aunque tanto China como Rusia tratan de hacerle –y en ocasiones lo consiguen– toda la sombra posible. También en términos generales, todos estos estados tienen intereses evidentes en el resto, así como en la Unión Europea y en sus respectivos ámbitos de proximidad geográfica o política.

A la hora de hablar de los servicios de cada estado ligados al ámbito de las amenazas persistentes avanzadas, es necesario hacer referencia, casi de forma obligatoria, a las capacidades SIGINT nacionales, así como a los servicios de inteligencia exterior de cada país. Por este motivo, en el presente apartado hablaremos de los intereses potenciales y las capacidades de inteligencia generales de los principales estados del panorama APT, haciendo posterior hincapié en las capacidades SIGINT de la comunidad de inteligencia y algunas campañas atribuidas –correcta o incorrectamente– a estos estados; también repasaremos sus servicios "defensivos" o de vigilancia y contrainteligencia, responsables en muchos casos de la monitorización y detección del compromiso en los entornos tecnológicos nacionales.

¿Por qué elegimos la lista de países de los que hablaremos a continuación? La respuesta rápida: están consideradas por todos, informalmente, los estados con más capacidad e interés en el ámbito del ciberespionaje. La respuesta menos rápida: diferentes referencias (por ejemplo, [46]) citan, correcta o incorrectamente, a los servicios de estos países como los que presentan un mayor interés en la adquisición global de los datos que circulan a través de Internet y además tienen capacidad para hacerlo, mientras que, en el caso de otros estados o servicios, el interés o las prioridades están más focalizadas en ámbitos más restringidos, menos globales, centrados en las necesidades de información locales correspondientes a dichos estados.

2.2.1. USA/FVEY

Con supuesto origen en Estados Unidos se han identificado pocas amenazas o campañas en relación a las capacidades del país; sin duda, Stuxnet, Flame o Duqu son las más conocidas, orquestadas presuntamente junto a la unidad 8200 israelí y con un *malware* impresionante desde el punto de vista técnico. Pocas pero muy buenas, parece ser la filosofía estadounidense, o al menos muy difíciles de detectar. O mucho más sencillo: Estados Unidos no necesita desarrollar *malware*, sino que hace *drivers*. El alcance estadounidense es, como en el ámbito físico, impresionante por muchos motivos, entre los que destacan el control total de buena parte de los sistemas operativos, *software* base, elementos de comunicaciones, servicios en red...; compañías como Microsoft, Apple, Oracle, Cisco o Google son estadounidenses, lo que proporciona al país unas capacidades de ataque que no son comparables a la de ningún otro estado. Resumiendo, Estados Unidos tiene unas capacidades de espionaje impresionantes, mediante *malware* o mediante *drivers*, ya que les hemos permitido obtener una hegemonía mundial en el ámbito tecnológico en los últimos cuarenta años –quizás antes–. ¿Qué tenemos a nuestro favor? Es, a priori, un país amigo, con el que compartimos alianzas, objetivos, estrategias... por lo que, aunque nos roben todos los datos que puedan, generalmente por intereses económicos, también nos podrán facilitar información de inteligencia relativa a acciones de terceros contra nuestros intereses.

En el ámbito SIGINT (y colateralmente en otras disciplinas como HUMINT), Estados Unidos trabaja en la alianza de inteligencia conocida como *Five Eyes* (**FVEY**), compuesta por los principales países del ámbito anglosajón: Estados Unidos, Reino Unido, Australia, Nueva Zelanda y Canadá. De esta forma, las capacidades SIGINT o CNO estadounidenses se extrapolan casi de forma directa a cualquiera de los servicios del resto de países de la alianza y viceversa, aunque esto último sea quizás menos relevante: GCHQ (*Government Communications Headquarters*, Reino Unido), CSE (*Communications Security Establishment*, Canadá), ASD (*Australian Signals Directorate*, Australia) y GCSB (*Government Communications Security Bureau*, Nueva Zelanda).

Tras el escándalo Snowden –entre otros–, sin duda la agencia de seguridad estadounidense más conocida es la NSA (*National Security Agency*, Agencia Nacional de Seguridad), encargada tanto del ámbito de la protección de tecnología nacional como de actividades SIGINT, y por tanto de la adquisición, procesamiento y análisis de los datos que circulan por Internet (o, dicho sea de paso, por otras redes). No obstante, la NSA no es la única agencia estadounidense que realiza tareas de inteligencia, defensa o seguridad; también lo hacen la CIA (*Central Intelligence Agency*), el FBI (*Federal Bureau of Investigation*) o la DIA (*Defense Intelligence Agency*), así como otras agencias o grupos gubernamentales cuyo número y dispersión llegó, en un momento determinado, a considerarse un problema de seguridad nacional: existen al menos dieciséis grupos reconocidos relacionados con la inteligencia (ver imagen adjunta), no solo agencias sino también departamentos o unidades concretas que trabajan en este ámbito. A estos grupos se suma desde 2004 –tras los atentados del 11S– la Oficina del Director de Inteligencia Nacional (**ODNI**), con responsabilidades en la integración de la inteligencia generada por los diferentes servicios, grupos o departamentos que conforman la compleja comunidad de inteligencia estadounidense; en [51] puede encontrarse la referencia y el resumen de funciones de cada uno de los diecisiete miembros de dicha comunidad, y podemos obtener una descripción detallada de la comunidad de inteligencia estadounidense en [56].

Figura 1.
Grupos que realizan tareas de inteligencia, defensa o seguridad en EE. UU.

Se muestra a continuación una tabla resumen con las atribuciones ciber de cada una de las organizaciones que conforman la comunidad de inteligencia estadounidense:

Nombre	Acrónimo	Ministerio	Funciones	Atribuciones ciber
Office of the Director of National Intelligence	ODNI	N/A	Coordinación de la comunidad de inteligencia y PoC único	N/A
Central Intelligence Agency	CIA	N/A	Inteligencia exterior, en especial HUMINT	Information Operations Center

Nombre	Acrónimo	Ministerio	Funciones	Atribuciones ciber
Air Force Intelligence, Surveillance and Reconnaissance	AF ISR	Department of Defense	Inteligencia militar para las Fuerzas Aéreas estadounidenses	
US Army Intelligence	INSCOM	Department of Defense	Inteligencia militar para el Ejército estadounidense	
Coast Guard Intelligence	CGI	Department of Homeland Security	Inteligencia y protección marítima, aunque se facilita esta inteligencia fuera de este ámbito	
Defense Intelligence Agency	DIA	Department of Defense	Inteligencia militar	
Office of Intelligence and Counterintelligence	OICI	Department of Energy	Inteligencia asociada a la protección del sistema energético estadounidense	
Office of Intelligence and Analysis	I&A	Department of Homeland Security	Inteligencia interior, especialmente estratégica	
Bureau of Intelligence and Research	INR	Department of State	Inteligencia exterior reportada directamente al Secretario de Estado	
DEA Office of National Security Intelligence	DEA/ ONSI	Department of Justice	Inteligencia focalizada en la lucha contra el narcotráfico	
Office of Intelligence and Analysis	OIA	Department of the Treasury	Inteligencia asociada a la protección del sistema financiero estadounidense	

Nombre	Acrónimo	Ministerio	Funciones	Atribuciones ciber
FBI National Security Branch	FBI/NSB	Department of Justice	Inteligencia contraterrorista	
Office of Naval Intelligence	ONI	Department of Defense	Inteligencia militar para la Armada estadounidense	
National Geospatial Intelligence Agency	NGA	Department of Defense	Inteligencia geoespacial, en especial en el ámbito militar	
National Reconaissance Office	NRO	Department of Defense	Diseño, construcción y operación de satélites espía	
National Security Agency/ Central Security Service	NSA/CSS	Department of Defense	Inteligencia de señales, cifrado y seguridad IT	
Marine Corps Intelligence Agency	MCIA	Department of Defense	Centralización y coordinación de la inteligencia militar para el cuerpo de Marines	Incluye capacidades SIGINT

La **CIA** es quizás la agencia de inteligencia con más presupuesto del mundo, por encima incluso de la NSA; obviamente, el "quizás" se debe a que esta información es clasificada, aunque, si tomamos el dato presupuestario facilitado por Snowden como cierto, también debemos considerar que la mayor parte del presupuesto se dedica a las actividades de adquisición y, si tenemos en cuenta que la CIA se focaliza en fuentes humanas, lo que nos dice este dato es que HUMINT es cara frente a SIGINT: la NSA dedica cinco veces menos presupuesto a adquisición, y seguramente sus resultados poco tienen que envidiar a la CIA. Dentro de la Agencia, el IOC/AG (*Information Operations Center Analysis Group*) se encarga de la evaluación de amenazas –sobre todo, extranjeras– contra los sistemas de información estadounidenses, en especial los que soportan infraestructuras críticas, reportando al más alto nivel estatal.

Al margen de la ODNI y la CIA, agencias independientes, seis Ministerios se reparten las capacidades de inteligencia estadounidenses, destacando entre todos ellos el de Defensa, que cuenta con unas capacidades ciber (no solo en el ámbito de inteligencia, sino en términos como el ataque o la defensa) amplias y organizativamente complejas; en [55] puede encontrarse una descripción global de estas capacidades y de la estructura ciber del Departamento.

Dentro del DoD (*Department of Defense*) se enmarca el **INSCOM** (*US Army Intelligence and Security Command*), una agencia que, junto a las agencias del resto de ejércitos del país y la NSA, conforman el **CSS** (*Central Security Service*); entre sus atribuciones se encuentra la adquisición, mediante cualquier disciplina, de inteligencia para el combate militar. En el ámbito ciber, el INSCOM cuenta con diferentes equipos con capacidades SIGINT e incluso con una brigada (identificada como 780) específicamente para actividades CNO, además de con un grupo focalizado en cifrado y protección de comunicaciones (ACO, *Army Cryptologic Operations*).

Junto al INSCOM, en un ámbito puramente militar sin duda, la **DIA** (*Defense Intelligence Agency*) es la agencia de inteligencia más relevante en Estados Unidos (la NSA, aunque dependiente del DoD extiende sus capacidades fuera de este ámbito militar); para esta agencia el ámbito ciber es, obviamente, una preocupación creciente, tal y como se explicita en su estrategia actual ([54]). Con responsabilidades sobre redes de defensa, incluyendo zonas de conflicto, una característica especialmente destacable de la DIA es que tiene el objetivo estratégico de constituir una agencia de inteligencia capaz de explotar todas las fuentes en el ámbito de Defensa; en este sentido, hace hincapié en la aportación al ámbito ciber de información proveniente de fuentes humanas y de actividades de contrainteligencia.

También en el DoD, y ya dentro de capacidades SIGINT, la **NRO** (*National Reconnaissance Office*) está focalizada en el diseño y explotación de satélites espía y junto a la NSA proporciona capacidades de inteligencia de señales, en este caso satelital, a otras agencias estadounidenses. Fuera de este ámbito satelital, la

Agencia Nacional de Seguridad (**NSA**) es la principal agencia de inteligencia de señales estadounidense, proporcionando las mayores capacidades SIGINT a la comunidad de inteligencia estadounidense y, por extensión, a los diferentes servicios de la coalición FVEY; tal y como hemos dicho con anterioridad, se trata quizás de la agencia más conocida, y dentro de ella es especialmente destacable el denominado grupo TAO (*Tailored Access Operations*), que vio la luz a raíz de Snowden y del cual hablaremos más adelante en este mismo documento.

Como hemos indicado, la comunidad de inteligencia estadounidense es demasiado amplia y compleja como para ser tratada en profundidad en un documento como el presente; de nuevo, es necesario referenciar a [56] para obtener una excelente visión de esta comunidad.

2.2.2. China

Sin duda, el talón de Aquiles de Estados Unidos se llama China: los americanos controlan toda la pila software, pero el hardware se ensambla en China o países de su entorno, con lo que, si se sabotea ese hardware o el firmware que lo controla, por ejemplo introduciendo puertas traseras, China tendría un poder también muy elevado. Sii a esto añadimos que es el país con más población del mundo, puede desplegar grandes unidades de ataque que roben con mayor o menor eficacia la información de terceros, entre ellos España. China suele trabajar por volumen, robando toda la información posible de su víctima y procesándola en destino, sin utilizar malware tan sigiloso como otros actores y exfiltrando grandes cantidades de datos, siempre en términos generales. Por supuesto, este comportamiento de actuación "masiva" no se restringe al ámbito ciber, sino que es propio de los servicios chinos en sus diferentes disciplinas de adquisición, incluidas las HUMINT. Una lectura interesante para conocer un poco más el funcionamiento y estructura de la comunidad de inteligencia china es [22].

La principal agencia de inteligencia china es el denominado Ministerio de Seguridad del Estado (**MSS**, *Ministry of State*

Security), encargada de los ámbitos civiles de la inteligencia y la seguridad: a diferencia de otros servicios, el MSS no se restringe a la inteligencia pura, sino que tiene atribuciones de agente de la autoridad –o su equivalente chino–. Aunque la prioridad de esta agencia es la protección de los intereses chinos, incluyendo la estabilidad del gobierno, no es ningún secreto que ha ampliado sus objetivos al espionaje industrial y económico contra occidente, incluyendo Estados Unidos y por supuesto Europa. Dentro del MSS, el *11th Bureau* es el responsable de la seguridad de redes y sistemas de la Administración Pública china, y por tanto el más cercano a las capacidades CNO o SIGINT que estamos tratando en este apartado. Dado el carácter principalmente doméstico de este servicio, sus actividades están principalmente especializadas en el espionaje e inteligencia internos: monitorización de disidentes, organizaciones contrarias al gobierno, contrainteligencia, etc.

En el ámbito militar, el Ejército Popular de Liberación (PLA) chino, con alrededor de tres millones de personas, conforma las Fuerzas Armadas más grandes del mundo, con responsabilidades en inteligencia exterior y espionaje contra otros países. En este ejército, el Tercer Departamento del GSD (*General Staff Department*), **3PLA**, ha sido históricamente el responsable de las capacidades SIGINT chinas. Como su equivalente estadounidense, la NSA, ha pasado de las acciones de interceptación de señales a la explotación, CNE, convirtiéndose en la actualidad en la principal fuente de APT con origen chino (presuntamente, por supuesto). El 3PLA manda sobre al menos doce despachos operativos, cada uno de ellos con un cometido concreto e identificados como unidades del PLA. Se muestra a continuación un resumen de la identificación, actividades y objetivos presuntos de dichos despachos operativos; una excelente descripción general de las capacidades del *PLA GSD 3rd Department* puede encontrarse en [32] y [33].

Bureau	Unidad	Objetivos/Actividad
1st	61786	Capacidades globales de cifrado
2nd	61398	Inteligencia económica, política y militar contra Europa, USA y Canadá: APT1
3rd	61785	Comunicaciones inalámbricas, incluyendo interceptación de radio, telefonía y protección TEMPEST
4th	61419	Sur de Asia, especialmente Japón y Corea
5th	61565	Rusia
6th	61726	Sureste de Asia, en especial Taiwán, pero también Vietnam, Singapur...
7th	61580	Especialmente CNO (CNA y CND), pero también otras actividades no determinadas
8th	61046	Europa, Oriente Medio, África e Iberoamérica
9th	Desconocido	Análisis de inteligencia estratégica
10th	61886	Asia Central y Rusia, en especial telemetría, seguimiento de misiles y pruebas nucleares. Unidad 7911
11th	61672	Unidad 2020, focalizada en Rusia. Las diferencias con el Quinto Despacho son desconocidas
12th	61486	Satélites e interceptación de comunicaciones espaciales

Adicionalmente a este Tercer Departamento, el Ejército Popular de Liberación chino cuenta con unidades (al menos una) en cada una de sus siete **Regiones Militares**: se trata de **TRB** (*Technical Reconnaissance Bureaus*), despachos que no pertenecen al Tercer Departamento GSD pero que reciben apoyo de este en tareas CNO. Cada uno de estos TRB ejecuta misiones que pueden ser equivalentes a las del Tercer Departamento (inteligencia de señales, cifrado, traducción...), aunque de manera habitual se abordan como apoyo al mando de la correspondiente Región Militar, mando al que reportan (esto es, su interés principal serán actividades en cada una de las Regiones o en países limítrofes). Como en el caso del 3PLA, se muestra a continuación un breve resumen de identificación, actividades, etc. de cada uno de los TRB asignados a las Regiones Militares chinas, siendo de nuevo [32] y [33] unas fuentes excelentes de información.

Región Militar	Unidad	Objetivos/Actividad
Beijing	66407	Rusia y Mongolia
Chengdu	78006	CNE y sureste asiático
Chengdu	78020	CNE y sureste asiático
Guangzhou	75770	Interceptación VoIP. Malware
Jinan	72959	Pacifico. Interceptación microondas
Lanzhou	68002	N/A
Lanzhou	69010	SIGINT. Movimientos militares de países limítrofes a la Región (Mongolia, Rusia, Pakistán...)
Nanjing	73610	Taiwán. Actividades USA en Pacífico oeste
Nanjing	73630	Taiwán
Shenyang	65016	Rusia, Corea, Japón

Además de los *bureaus* y TRB anteriores, cada uno de los **Ejércitos del PLA** (tierra, mar y aire, para simplificar) dispone también de TRB que les proporcionan capacidades SIGINT o CNO adicionales y que tienen como principal actividad la monitorización de comunicaciones en el ámbito del Ejército al que prestan servicio. Así, la Fuerza Aérea dispone de tres TRB (la unidad 95830 corresponde al primero de ellos, siendo desconocidos los indicativos de los otros dos) responsables de la vigilancia de las actividades en el espacio aéreo próximo a China y de las capacidades CNO en apoyo a misiones aéreas. Por su parte, la

Armada cuenta con dos TRB (el primero de ellos identificado como unidad 91746) con unas capacidades diferenciadas entre sí por cuestiones puramente geográficas (costa norte y costa sur), y finalmente Tierra (Second Artillery) dispone de un único TRB, correspondiente a la unidad 96669.

Ya para acabar el esbozo de las capacidades militares chinas, una última referencia, el Cuarto Departamento del PLA, **4PLA**, responsable de Guerra Electrónica (inseparable para los chinos de CNO) y CNA: las principales capacidades ofensivas chinas, el ciberataque militar, se concentran en este Departamento.

En resumen, en el ámbito SIGINT/CNO el Ejército Popular de Liberación chino cuenta con el Tercer Departamento GSD, TRB en las diferentes Regiones Militares del país y unidades adicionales en cada Ejército del PLA; y al PLA hay que añadir el MSS, universidades, institutos de investigación..., de manera que en conjunto China dispone de amplias capacidades –y las utiliza– para adquirir, procesar y analizar datos tanto dentro del propio estado como en terceros países. Con este volumen no es de extrañar que APT1, o dicho de otra forma, la unidad 61398 del PLA, pueda ser considerado el grupo APT más grande del mundo: se sospecha que en "La Fábrica" trabajan cientos o miles de empleados que activamente roban información de sus objetivos, de manera estructurada –según se indica, por países y sectores.

Sin duda, hablar de APT con presunto origen en China es más sencillo que hablar de campañas con origen en otros países, ya que como hemos indicado China es una potencia a diferentes niveles, incluyendo este tipo de ataques. Mi compañero Antonio Sanz realizó un cronograma de las principales campañas chinas ([34]), que se reproduce a continuación en este mismo documento (por claridad, dividido en dos partes), y que visualmente da una idea del nivel de actividad chino en el ámbito APT.

Timeline de APTs atribuidas a China

2002	2003	2004	2005	2006	2007	2008	2009	2010
Bizantine Hades								
	Titan Rain							
		Nettraveler						
				ShadyRat				
					Deep Panda	Putter Panda		
						Ghost Net		
							Night Dragon	
							Shadows In the Cloud	
							Operation Aurora	

Timeline de APTs atribuidas a China

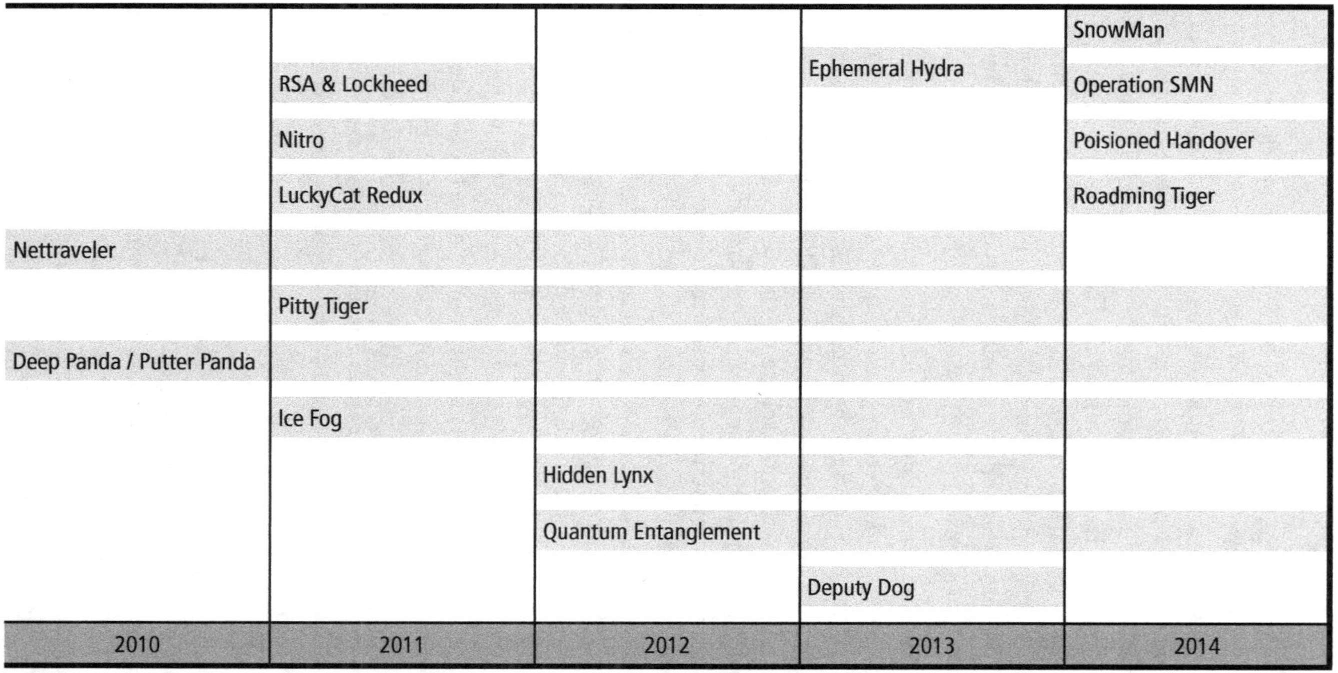

2.2.3. Rusia

Como no podía ser de otra forma, uno de los principales actores en el ámbito APT es Rusia; este es actualmente el país que más sofisticación aplica en sus ataques, dirigidos, sigilosos y técnicamente brillantes, con unos índices de persistencia muy elevados debido a la complejidad de detección (por supuesto, con el permiso de Estados Unidos...). Habitualmente, las APT rusas tienen perfectamente identificada la información que necesitan, dónde está y quién la maneja, y de esa forma se centran en el robo exacto de esos datos, como hemos dicho, de la manera más sigilosa posible.

Sin duda, mentalmente mucha gente asocia la inteligencia o los servicios secretos rusos –concretamente soviéticos– a la KGB (Comité para la Seguridad del Estado); lamentablemente para los seguidores de Bond, la KGB, el servicio secreto por excelencia, fue desmantelada a principios de los años noventa por Mijail Gorbachev, seguramente por haberse convertido en un poderoso monstruo en cuanto a atribuciones, capacidades y conocimientos, pero, en especial, por su supuesta implicación en el fallido golpe de estado del 21 de agosto de 1991. Su poder fue distribuido entre tres agencias diferenciadas: FSO (Servicio de Protección Federal), FSB (Servicio de Seguridad Federal) y SVR (Servicio de Inteligencia Exterior), que se unían al rival histórico del KGB, el GRU (Dirección de Inteligencia Militar), el servicio ruso de inteligencia militar que sobrevivió a la caída de la URSS (quizás por el apoyo al presidente soviético durante el golpe de estado, a diferencia de la KGB). Una excelente descripción de la comunidad de inteligencia rusa, en lo que a seguridad de la información, SIGINT o CNO se refiere, puede encontrarse en el capítulo quince de [44].

A la hora de hablar de Rusia en el ámbito de la ciberseguridad o, más concretamente, en el del *information warfare*, debemos citar de forma obligatoria a la **FAPSI** (*Federal Agency of Government Communication and Information*), operativa entre 1991 y 2003 y considerada el equivalente ruso a la NSA estadounidense ([58]). Entre sus funciones se encontraba el cifrado (criptología y criptoanálisis), la interceptación de comunicaciones e, incluso, las capacidades de respuesta a incidentes a modo de CERT. En 2003 esta poderosa agencia fue disuelta por el gobierno ruso (posiblemente a causa de la corrupción) y sus atribuciones repartidas entre los cuatro grandes servicios rusos, el GRU y los derivados de la KGB: SVR, FSB y FSO. Cada uno de estos servicios tiene atribuciones diferenciadas, aunque obviamente comparten capacidades, información, tácticas o intereses... o compiten entre ellos.

El desmantelamiento de la FAPSI supuso una batalla entre estos servicios rusos, ya que el poder de la antigua agencia era sin duda muy elevado. El FSB, el que más herencia recibió, se hizo con las capacidades principales, orientadas a la interceptación de comunicaciones telefónicas, fijas y móviles, y de datos a través de Internet, así como con el control de las comunicaciones seguras del gobierno, los departamentos de cifrado y capacidades de inteligencia exterior (y el reconocimiento legal de estas). Por su parte, el poderoso FSO logró arrebatar al resto de servicios algunas de las funciones clave de la FAPSI, entre ellas el control de los sistemas de información especiales del gobierno o, directamente, la capacidad rusa equivalente –más o menos– a la NSA estadounidense: el *Spetssviaz*. Por su parte, el GRU, como apoyo al SVR, heredó las capacidades de inteligencia y contrainteligencia electrónica (las Direcciones 8 y 16 de la antigua KGB).

El **FSB** posee un amplio abanico de atribuciones en el ámbito ciber, tanto técnicas como normativas; aunque se trata de un servicio dedicado a la inteligencia interior, dispone de autorización para acciones de inteligencia exterior, teóricamente coordinadas con el SVR. Entre otros, es responsable de la seguridad de la información en el ámbito federal, algo parecido a un cuerpo policial al uso o, al menos, a los Servicios de Información –con la denominación que corresponda en cada caso– de un cuerpo policial; en este ámbito posee atribuciones –y, obviamente, capacidades– SIGINT operativas para la interceptación de comunicaciones en el Estado: opera el sistema denominado SORM para dicho propósito, al que los proveedores de servicios de Internet rusos deben facilitar el trabajo desplegando capacidades que, además, deben pagar de su bolsillo. Este sistema es operado por un grupo del FSB denominado inicialmente UKIB (*Computer & Information Security Directorate*), la Dirección R, heredera de la KGB y focalizada especialmente en la lucha contra el crimen y el terrorismo en el ámbito ciber. El sucesor de esta Dirección es el Centro de Seguridad de la Información (CIS) del FSB, enmarcado en la Dirección de Contrainteligencia (SKR), la Segunda Dirección del FSB e identificado también como la Unidad Militar (Vch) 64829. SORM fue inicialmente desarrollado por la KGB a mediados de los ochenta y en la actualidad cuenta con tres capacidades fundamentales: SORM-I, para la interceptación de comunicaciones telefónicas fijas y móviles; SORM-II, para la interceptación de tráficos de red (Internet), y SORM-III, que proporciona capacidad de adquisición de todo tipo de comunicaciones y almacenamiento de los datos y metadatos interceptados, con un elevado periodo de retención. Estos sistemas se ocupan, como lo hace principalmente el FSB, de la interceptación de datos en la "Internet Rusa", donde el CIS es responsable de las acciones de vigilancia y contrainteligencia.

A priori, estas capacidades de vigilancia y contrainteligencia del CIS se deben focalizar en Rusia, sin impactar de forma directa en el exterior del país; no obstante, aunque el FSB, y dentro de él el CIS, estén focalizados en inteligencia interior, sus acciones pueden ser dirigidas con ese foco pero contra intereses rusos fuera de sus fronteras, incluyendo elementos considerados perturbadores según los criterios rusos (esto puede incluir el ataque a objetivos terroristas... o sencillamente políticos) e incluso con atribuciones policiales de investigación y persecución de dichos elementos.

El Centro para la Vigilancia Electrónica de las Comunicaciones (TsRRSS), identificado como la unidad 71330 del FSB y focalizado en ELINT, dispone de capacidades de espionaje electrónico y ciberespionaje (interceptación de comunicaciones, descifrado...). Este Centro constituye hipotéticamente la principal capacidad ofensiva del FSB, frente a, por ejemplo, grupos como el CIS, descrito con anterioridad y focalizado especialmente en tareas defensivas y de vigilancia (aunque en realidad es muy probable que este grupo pueda utilizar esas capacidades de vigilancia para operaciones ofensivas). Su estructura interna está clasificada, y entre sus responsabilidades se encuentran la operación y el procesamiento de las comunicaciones electrónicas.

El Centro de Comunicaciones Especiales y Protección de la Información (TsBISS) proporciona al FSB las capacidades de protección frente a ciberataques o intrusiones de terceros. De este Centro han partido iniciativas tan curiosas (o interesantes) como la prohibición en Rusia de servicios como GMail, Hotmail o Skype, ya que su uso puede constituir una amenaza a la seguridad nacional. Un comentario del responsable del Centro en 2011 causó, en su momento, un gran revuelo en redes sociales, pero, mucho más interesante que el revuelo relativo a la privacidad y libertad de los usuarios, fue el momento en que se publicó, marcado por hechos tan trascendentes como la primavera árabe o las elecciones legislativas rusas.

Otro grupo interesante en el ámbito ciber dentro del FSB es el Centro de Seguridad de las Comunicaciones (CBS FSB, Vch 43753), enmarcado en la Octava Dirección del Servicio y responsable de la protección lógica de las comunicaciones gubernamentales mediante la acreditación de productos y la certificación de estándares de seguridad, una especie de equivalente a la Oficina de Certificación del CCN español. También en este sentido, el TSLSZ (traducido aproximadamente como Centro para el Licenciamiento, Certificación y Protección de Secretos de Estado) es el brazo del FSB encargado de habilitar a organizaciones en el manejo de información clasificada, en este caso algo similar a las atribuciones de la Oficina Nacional de Seguridad en el CNI.

Finalmente, y como grupo sin capacidades ofensivas, las actividades formativas en el ámbito *ciber* dentro del FSB son responsabilidad del Instituto de Criptografía, Telecomunicaciones e Informática (IKSI), en la Academia del Servicio, que forma especialistas en ciberseguridad no solo para el FSB sino también para otros Servicios rusos.

Se muestra a continuación una tabla resumen de los principales grupos o centros directamente relacionados con SIGINT o CNO dependientes del FSB:

Centro	Identificador	Unidad	Funciones
Center for Information Security	FSB CIS	64829	SORM. Vigilancia y contrainteligencia
Center for Electronic Surveillance of Communications	FSB TSRRSS	71330	Capacidad de ataque
Centre for the Security of Information and Special Communications	TsBISS	N/A	Defensa frente a intrusiones extranjeras
Communications Security Center	FSB CBS	43753	Acreditación de productos y sistemas
Center for Licensing, Certification and Protection of State Secrets	FSB TSLSZ	N/A	Habilitaciones de seguridad
Institute of Cryptography, Telecommunications and Computer Science	IKSI	N/A	Formación

Otro de los herederos de la FAPSI es el **FSO** (identificado en [44] como la unidad militar 32152), con responsabilidad en la protección de personalidades y bienes gubernamentales, que ha asumido entre otras capacidades las asociadas a SIGINT estratégica, la garantía de explotación de los sistemas estatales –en especial en lo referente a su protección frente a servicios extranjeros– y la seguridad de la información clasificada nacional [44]. Dentro del FSO se enmarca desde 2004 (anteriormente pertenecía al FSB) el *Spetssviaz*, Servicio de Información y Comunicaciones Especiales (SSSI), considerado en la actualidad, tras el desmantelamiento de la FAPSI, el equivalente ruso a la NSA estadounidense, aunque en realidad la comunidad de inteligencia de ambos países es diferente y por tanto las atribuciones de la NSA están realmente repartidas entre agencias rusas. Este servicio incluye al menos una Dirección para la gestión de comunicaciones gubernamentales, otra para la gestión de comunicaciones gubernamentales militares, una Dirección Principal para recursos de información y otra Dirección Principal para sistemas de información ([45]).

Por su parte, el **SVR** se ocupa de la inteligencia exterior rusa, proporcionando a las autoridades nacionales inteligencia que pueda beneficiar a Rusia en diferentes ámbitos, como la tecnología, la defensa o la política, basándose principalmente en capacidades HUMINT y SIGINT, tanto abiertas como clandestinas; en la disciplina SIGINT trabaja junto al GRU en un nivel estratégico (al menos sobre el papel, ya que es bien conocida la rivalidad entre agencias rusas, entre ellas el GRU frente al SVR), a diferencia de la inteligencia más operativa del FSB. Y dado que este último servicio se ocupa de la inteligencia interior rusa, como hemos dicho, a priori para nosotros podría implicar un mayor nivel de amenaza el SVR que el FSB, aunque es necesario insistir en las capacidades CNO de este último y la autorización de su aplicación contra intereses fuera de las fronteras rusas. El SVR dispone de una Dirección de Informática que, aunque originalmente estaba dedicada a tareas de soporte y seguridad internas para el Servicio, actualmente se supone que cuenta con capacidades CNE; adicionalmente, y dadas las históricas capacidades HUMINT del SVR, no sería de extrañar el reclutamiento de recursos humanos para potenciar de cualquier forma las actividades *ciber*: recordemos que no todas las APT se basan en *malware* y que, cuando una intrusión o una persistencia son complejas tecnológicamente, quizás sea más efectiva la utilización de colaboradores humanos, por ejemplo personas con acceso a la información –o a los sistemas que la tratan– de nuestro objetivo.

Finalmente, el único de los grandes servicios rusos que, como hemos indicado, no es un heredero directo de la KGB es el **GRU**, el más opaco de estos servicios, dedicado a la inteligencia militar a diferentes niveles, desde el estratégico al operativo, y no en un sentido exclusivo de defensa, sino abarcando también otros aspectos como la política o la economía ligadas al ámbito militar, y en especial inteligencia exterior. Para ello dispone de capacidades que van desde IMINT hasta SATINT, pasando por OSINT y, por supuesto, SIGINT. Dentro del GRU, la Sexta Dirección (*6th Directorate*) es la responsable de la inteligencia de señales, e históricamente ha sido un grupo activo en este ámbito, operando estaciones de interceptación de señales desde Cuba hasta Vietnam, pasando, por supuesto, por las residencias legales del GRU en todo el mundo. Aparentemente, esta Dirección del GRU será la más cercana, sobre todo en el ámbito militar, a lo que hoy en día venimos denominando amenazas persistentes avanzadas.

La Unidad Militar 11135 del GRU, 18th CRI (*Central Research Institute*), constituye la principal capacidad de investigación en inteligencia de señales del Ministerio de Defensa ruso, incluyendo investigación y desarrollo en dispositivos inalámbricos, sistemas SCADA o protección electromagnética de sistemas. También como instituto de investigación se encuentra la Unidad 01168, 27th CRI, en este caso en el ámbito de las tecnologías de información y los sistemas de mando y control. Adicionalmente, el Ministerio de Defensa cuenta con más unidades, institutos, etc. focalizados en guerra electrónica, ciberseguridad o seguridad informática, con una estructura, como hemos indicado, compleja. Esta información puede ser ampliada en la excelente referencia [44].

Con esta comunidad de inteligencia rusa, desde nuestra óptica, las acciones rusas tendrán su origen, presuntamente, en cualquiera de los servicios o grupos descritos anteriormente, en especial el GRU (quizás con un apoyo del SVR en inteligencia humana) o el FSB. Aunque el FSO sea un servicio de inteligencia interior, con grupos como *Spetssviaz,* este servicio tendría también capacidad para ejecutar operaciones de ataque contra terceros, aunque quizás la probabilidad de que seamos sus objetivos es más baja que en los casos anteriores. Como hemos dicho, Rusia es un país muy activo y constituye el presunto origen de muchas campañas APT contra intereses de todo el mundo, en especial USA, Europa y, por supuesto, todos los países geográficamente cercanos a Rusia.

2.2.4. Alemania

Alemania es sin duda una potencia europea en todos los ámbitos, y probablemente también en el del ciberespionaje. A pesar de las protestas oficiales tras el descubrimiento de que los servicios estadounidenses espiaban a Angela Merkel, han salido a la luz acciones equivalentes de los servicios alemanes haciendo lo propio con, por ejemplo, Hillary Clinton.

El servicio alemán más conocido es el servicio de inteligencia exterior, el **BND**, siglas del *Bundesnachrichtendienst,* que podríamos traducir por Servicio de Inteligencia Federal. Es pública la existencia, desde 1988, del proyecto RAHAB, que quizás supuso la primera capacidad CNE de un servicio estatal, al menos conocida, así como también la capacidad CNO inicial del BND alemán; dejando a un lado relaciones –quizás más imaginarias que reales– con el *Chaos Computer Club* y sus miembros, lo que parece claro es que este proyecto fue pionero en el panorama de lo que hoy llamamos ciberespionaje, y lo que sí es un hecho cierto es la implicación de hackers alemanes –bajo el supuesto auspicio de servicios de Europa del Este, no de la actual Alemania– en el ataque a sistemas gubernamentales estadounidenses en la década de los ochenta, tal y como documenta Cliff Stoll en *El huevo del cuco*.

El Ministerio del Interior alemán es especialmente activo en el ámbito ciber a través de la **BSI** (Oficina Federal para la Seguridad de la Información), una agencia con atribuciones en la seguridad TI del gobierno alemán focalizada en protección y defensa, sin capacidades conocidas para el ataque; trabaja en aspectos como la protección de infraestructuras críticas, el cifrado o la certificación y acreditación de seguridad. Aunque su origen es el BND –en concreto el Departamento de Cifrado de este servicio–, esta agencia no tiene atribuciones en inteligencia de señales ni mantiene relación formal con los servicios alemanes; no obstante, la BSI sí que lidera el Centro Nacional de Ciberdefensa (**NCAZ**), una iniciativa del gobierno alemán para el intercambio de información de seguridad en el ámbito ciber, incluyendo la protección de infraestructuras críticas –cuya protección recae, como hemos indicado, en la BSI.

También como una iniciativa del Ministerio del Interior, en 2009 se gestó el Centro de Tecnologías de la Comunicación (**ZSK**), una capacidad centralizada para la vigilancia de las telecomunicaciones que requieren diferentes agencias federales y que aglutina las competencias y necesidades técnicas, científicas o estratégicas de vigilancia SIGINT de diferentes agencias de seguridad e inteligencia. Por las críticas sufridas, en especial las relativas a la unión de servicios puramente policiales con servicios de inteligencia, este proyecto fue abortado poco después por el propio Ministro del Interior alemán.

Dependiente del Ministerio de Defensa, en la comunidad alemana encontramos el Comando de Reconocimiento Estratégico,

KSA, un grupo cuya existencia se hizo pública en 2012, compuesto por personal de los tres ejércitos, que centraliza las principales capacidades ciber del ejército alemán –no es un servicio de inteligencia como tal– y colabora estrechamente con el BND, algo similar al Mando Conjunto de Ciberdefensa (MCCD) español, aunque con unas capacidades ofensivas más "públicas" que este.

2.2.5. Francia

Francia es un país amigo, con lo que eso implica o deja de implicar, y sin duda es una de las estrellas europeas en cuanto a ciberinteligencia. Aunque obviamente con menos capacidades y recursos –esto es, presupuesto– que los cinco ojos (*Five Eye*: US, UK, CA, AU y NZ), los servicios franceses siempre han mostrado un elevado interés en el ciberespionaje, hasta el punto de que la red francesa de interceptación de comunicaciones por Internet pasó a denominarse popularmente *Frenchelon*, frente al ECHELON anglosajón. Adicionalmente, es público que Francia cuenta con diferentes estaciones de interceptación de comunicaciones (Internet, radio, satélite...) tanto en su territorio nacional –incluyendo regiones geográficamente fuera de Europa– como en el extranjero, en especial en antiguas colonias francesas. Tanto es el interés francés y la capacidad de sus servicios que los Estados Unidos consideran públicamente a Francia, junto a otros países hostiles o amigos, una amenaza real (ciberamenaza en este caso) contra sus intereses, por detrás de China pero al mismo nivel que estados como Rusia o Israel; por supuesto, no solo por el espionaje político o militar, sino sobre todo por la obtención de información relativa a tecnología, economía o negocios.

A priori, los intereses franceses se podrían centrar en Estados Unidos (por ejemplo en el ámbito de defensa) o, en un ámbito principalmente económico, en China; pero estos intereses apuntan también de forma directa a la Unión Europea, y de hecho cables filtrados indican que el interés francés en el resto de Europa supera al de países como China o Rusia. Dentro de la Unión Europea, y por una cuestión de proximidad geográfica y de intereses compartidos, como la lucha contra el terrorismo o la inmigración ilegal, parece lógico que Francia preste muchísima atención a la información española; de hecho, Babar, amenaza de la que hablaremos más adelante en este mismo apartado, tiene entre sus objetivos a algunos españoles, al menos hipotéticamente.

Francia cuenta con diferentes servicios de inteligencia, de los cuales el más conocido, con competencias en inteligencia exterior, es la DGSE (Dirección General de la Seguridad Exterior). También es necesario destacar la DGSI (Dirección General de Seguridad Interior) y la militar DRM (Dirección de Inteligencia Militar), que, en el ámbito que nos ocupa, se apoya en la también militar BRGE (Brigada de Inteligencia y Guerra Electrónica). Por último, y ya en un plano principalmente defensivo, es necesario citar a la ANSSI (Agencia Nacional de Seguridad de los Sistemas de Información).

Las capacidades SIGINT de la **DGSE** se enmarcan en la Dirección Técnica del Servicio, responsable presuntamente de la operación de *Frenchelon*; por las atribuciones de este servicio, constituye el principal origen de una potencial amenaza persistente avanzada apoyada por el estado francés, y de hecho, como comentaremos más adelante, hay sospechas fundadas de ataques provenientes de este servicio.

Desde mayo de 2014, la **DGSI** (antes DCRI, Dirección Central de Inteligencia Interior) es una agencia con entidad y presupuestos propios dependiente del Ministerio del Interior francés –la DGSE depende del de Defensa–; es público que cuenta con capacidades *ciber* focalizadas en la protección frente al cibercrimen o ciberterrorismo: sus atribuciones se centran en la seguridad interior, y por tanto sus objetivos potenciales son aquellos que impliquen riesgos para Francia.

También en el ámbito militar, Francia cuenta con la Dirección de Inteligencia Militar, la **DRM**, equivalente al GRU ruso. Se trata de una Dirección eminentemente de análisis, con pocas capacidades de adquisición (no solo SIGINT, tampoco HUMINT); para su trabajo se apoya en diferentes recursos recolectores de las Fuerzas Armadas francesas, como la **BRGE**. Esta proporciona al Ministerio de Defensa francés, del cual depende, inteligencia de señales y protección de los sistemas y las comunicaciones militares; no se conoce –al menos no públicamente– su potencial actividad en tareas asociadas al ciberespionaje o las amenazas persistentes avanzadas, aunque sus capacidades SIGINT son amplias.

Finalmente, la **ANSSI** constituye la Autoridad Nacional para la seguridad del los sistemas de información francesa, dependiente de la Secretaría General de la Defensa y de la Seguridad Nacional (SGDSN). En el seno de esta Agencia se enmarca el COSSI (Centro Operativo de Seguridad de los Sistemas de Información), que incluye la capacidad gubernamental de respuesta ante incidentes, CERT-FR. La ANSSI es una agencia principalmente defensiva, con responsabilidad en el bastionado de sistemas, el cifrado de las comunicaciones o la alerta temprana, pero sin capacidades –al menos oficiales– de ataque o espionaje activo; sería una especie de equivalente al Centro Criptológico Nacional (CCN) español, y de hecho el CERT-FR tiene su equivalente directo en los servicios de nuestro país: el CCN-CERT, con quien comparte presencia en el EGC (*European Government CERT*), grupo de CERT gubernamentales europeos, como su nombre indica.

A raíz de las filtraciones de Snowden, ha salido a la luz **Babar**, una campaña APT con origen presuntamente en Francia, con supuesto apoyo gubernamental y que, siempre según dichas filtraciones, impactó en España; más allá de estas filtraciones, con origen en el CSEC –el servicio "tecnológico" canadiense– y algún artículo al respecto en Le Monde ([57]), no existe mucha más información en fuentes abiertas sobre esta amenaza. Obviamente, tras la publicación de esta noticia, todos los dedos apuntaban al DGSE, con la consecuente negación oficial por parte de este servicio.

2.2.6. Israel

Hay un actor habitual en el ámbito de la defensa e inteligencia tradicionales que, por el contrario, en el ámbito de ataques APT no parece tan activo –al menos, en cuanto a detección– como otros; este actor es Israel. Más allá de Stuxnet, Duqu o Flame, no hay informaciones extraoficiales –mucho menos oficiales– que apunten a este país como origen de amenazas persistentes avanzadas, algo que no parece coherente con la actividad de los servicios israelíes en otros ámbitos. Es público que Israel es una potencia en el ámbito "ciber", aunque rara vez se le atribuya de forma directa un ataque APT, a diferencia de otros países como Rusia o China. Los servicios israelíes, especialmente el Mossad, son de los más activos y reconocidos en el panorama internacional, por lo que no es lógico que se mantengan ajenos a un ámbito tan importante como la ciberseguridad. Quizás su presunta ausencia se debe a que sus objetivos prioritarios no incluyen a los tradicionales de Occidente, focalizándose más en el mundo árabe, tradicionalmente opaco ante estos problemas –más incluso que los occidentales– o, sencillamente, porque los servicios israelíes son más discretos que el resto en este sentido.

La comunidad de inteligencia de Israel está formada principalmente por tres grandes agencias: el Mossad, ya referenciado, responsable entre otros de la inteligencia exterior –que incluye la "vigilancia" científica y tecnológica de terceros países–; la militar Aman, dependiente de las Fuerzas Armadas israelíes y responsable de la inteligencia militar, y el Shin Bet (*Israel Security Agency*, ISA), responsable de la contrainteligencia y la seguridad interior israelí.

El **Mossad** es sin duda el servicio israelí más conocido; quizás por este motivo todas las actividades –muchas, al menos– de ciberguerra, APT, CNO o similares que pueden tener origen en Israel y que son tratadas en medios generalistas se atribuyen casi automáticamente a este servicio. No obstante, el Mossad es una agencia focalizada en HUMINT, en la que las capacidades de inteligencia de señales se encuentran en inferioridad de condiciones frente a la Unidad 8200, con la que colabora estrechamente, que exponemos a continuación.

En los cuerpos de inteligencia (*Haman*) del ejército israelí se encuentra la Unidad 8200 (también conocida como ISNU, *Israeli SIGINT National Unit*, ya que los identificativos de las unidades pueden cambiar en el tiempo) de Aman, la Dirección de Inteligencia Militar. Se trata del equivalente a la NSA estadounidense, agencia con la que hipotéticamente –o no tan hipotéticamente, según los documentos hechos públicos por Snowden– mantiene acuerdos de intercambio de información de todo tipo, incluyendo datos en crudo. La unidad 8200, la más grande de las Fuerzas Armadas israelíes, dispone de capacidades SIGINT que proporciona al resto de agencias del país y, según algunas fuentes, ha sido cercana (muy cercana) al desarrollo de Stuxnet; puede ejecutar operaciones CNO en sus tres ámbitos (ataque, defensa y explotación), aunque aparentemente tienen más peso las capacidades ofensivas que las defensivas, e incluso dentro de la unidad existe un grupo especializado en OSINT denominado *Hatzav*.

También militar, aunque al margen de los cuerpos de inteligencia, en las Fuerzas Armadas israelíes (IDF, *Israel Defense Forces*) existe la Dirección de Servicios Informáticos, conocida como *Atak*. Esta Dirección cuenta con tres brigadas: C4I Corps (*Command, Control, Communications, Computers and Intelligence*), responsable de las comunicaciones militares, la Brigada Operativa –responsable entre otros ámbitos de la guerra electrónica– y la unidad de Tecnologías de la Información y Comunicaciones, *Lotem*, entre cuyas responsabilidades está la protección de la información militar o la gestión de la tecnología de defensa del país (desde la realidad aumentada al *big data*). Se trata de equipos focalizados en la defensa y en la mitigación de amenazas a la seguridad israelí, con reducidas capacidades CNA o CNE –al menos según fuentes abiertas.

Dentro del **Shin Bet** se enmarca la unidad S-74, cuya existencia se ha hecho pública recientemente (2014) y que tiene como cometido la protección del país en el ámbito ciber, incluyendo capacidades HUMINT y SIGINT. Dado que el Shin Bet es una agencia de inteligencia interior, como hemos indicado, su participación en campañas externas debe ser poco significativa, salvo que Israel considere que un tercero puede poner en peligro a la nación; sus atribuciones se centran en la defensa de las infraestructuras críticas del país frente a ciberataques, aunque algunos analistas consideran este servicio con capacidades CNA ([43]), capaz de lanzar ataques y campañas contra terceros con ese objetivo último de protección interior de Israel.

De más reciente creación que los grupos anteriores, en 2011 se puso en marcha la *National Cybernetic Taskforce*. Se trata de una capacidad defensiva adicional, que puede reforzar la propia del *Shin Bet*, para proteger las infraestructuras críticas israelíes, incluyendo empresas estratégicas, de ataques de espionaje o sabotaje en el ámbito *ciber*. Como decimos, a priori este grupo se focaliza en la defensa, sin capacidades de ataque reconocidas. También sería extraño sufrir un ataque de la unidad S-74 del *Shin Bet* en España, al menos contra intereses generales españoles –Administraciones Públicas, empresas estratégicas...–, ya que no somos un elemento desestabilizador para Israel (otra cosa sería una acción puntual contra un grupo que pueda operar en España y sí sea considerado como una amenaza por Israel) o, en un ámbito militar, de *Atak*; y dado que el Mossad no desarrolla actividad SIGINT relevante, es la Unidad 8200 de *Aman* la que en caso de ser objetivo de una APT israelí tendría más posibilidades de encontrarse tras el ataque o la campaña.

2.3. Los grupos

Si es complicado identificar el país de origen de una amenaza, más complicado aún es identificar al grupo concreto que la conforma; adicionalmente, es necesario recordar que, en muchos casos, los grupos a los que los analistas tratamos de dar un nombre que los identifique (muchas veces, diferentes empresas o investigadores asocian distintos nombres al mismo grupo) vendrán apoyados directamente –al menos de manera presunta– por gobiernos con capacidad para orquestar una APT y robar información mediante infraestructuras tecnológicas más o menos complejas. De esta forma, quizás habría que referirse más al apartado anterior que a este, y tener en cuenta que un grupo *a priori* identificado puede no ser más que un conjunto de personas de un determinado servicio gubernamental de los indicados previamente, o que varios grupos diferenciados entre sí por los analistas pueden estar constituidos, en realidad, por el mismo servicio o las mismas personas, con unas capacidades técnicas diferenciadas entre sí por una actualización tecnológica, unos intereses diferenciados –y por tanto un arsenal a medida de las víctimas– o por cualquier otro motivo.

En este sentido, en el del apoyo gubernamental a los posibles equipos APT identificados, tres de los identificados como grupos destacan por encima de los demás: se trata, sin duda, de APT1

(China), APT28 (Rusia) y TAO (USA); los dos primeros han visto la luz a raíz de informes de FireEye (realmente, el correspondiente a APT1 a raíz de un informe de Mandiant, antes de que esta compañía fuera comprada por FireEye, un documento excelente, para haber sido publicado por una compañía privada) y el tercero a partir de las revelaciones públicas de Edward Snowden. El primero de los informes liga al grupo APT1 directamente con la unidad 61398 del Ejército Popular de Liberación chino, tal y como se ha indicado previamente, mientras que las revelaciones de Snowden asocian al grupo TAO a la NSA estadounidense. ¿Y APT28? Seguramente, pese a que FireEye no lo explicita en su informe ([27]) –aunque deja meridianamente claro que el gobierno ruso está detrás de APT28–, este grupo está ligado a los servicios rusos con responsabilidades en los ámbitos de SIGINT: en otras palabras, a cualquiera de los analizados en este documento: FSO, FSB, SVR o GRU.

2.3.1. China: APT1

Sin duda, el grupo de atacantes más conocido es el identificado como APT1, *Comment Crew* o *Shangai Group*, correspondiente a la unidad 61398 del Ejército Popular de Liberación chino y cuya existencia saltó a la luz a partir de [12]. Desde el año 2006 esta unidad ha permanecido activa, robando Terabytes de información de más de cien víctimas de veinte sectores diferentes, con un interés especial sobre Estados Unidos; sus necesidades de información pasan, en muchos casos, por el espionaje industrial o económico, muy posiblemente con el objetivo de convertir a China en una potencia mundial para la década de 2030, tal y como se indica estratégicamente.

Se estima que este grupo dispone de una infraestructura tecnológica muy amplia para ejecutar sus actividades, con cerca de mil servidores C&C, cuarenta familias de malware y unos dos mil quinientos nombres de dominio, así como de un equipo humano multidisciplinar capaz de determinar la información a adquirir, obtenerla, procesarla y diseminarla; estas capacidades posibilitan que la persistencia media de este grupo en sus víctimas sea de alrededor de un año.

Desde el año 2009 se mantiene activo un grupo denominado 1.php, identificado por la empresa ZScaler ([13]), cuyos principales objetivos comprenden a expertos en las relaciones de Estados Unidos con China, Taiwan o Japón e industria espacial, gubernamental y militar estadounidenses; el origen de este grupo no está determinado, aunque posiblemente se trate de China y pueda estar relacionado con APT1.

2.3.2. USA: TAO

El grupo TAO (*Tailored Access Operations*) es un equipo de adquisición de información de la NSA que desde 1998 trabaja en el ámbito del espionaje exterior de los Estados Unidos. A raíz de documentos filtrados por Edward Snowden, se conoció la existencia de este equipo, formado por más de mil personas y con capacidad para espiar múltiples productos comúnmente utilizados en tecnología, desde firewalls a equipos de usuario. De hecho, también salió a la luz el conocido como catálogo ANT, un documento clasificado de alto nivel que mostraba las capacidades que la NSA puede ofrecer a su personal para intervenir tecnologías de sus objetivos, incluyendo todo tipo de aplicaciones, firmware y hardware.

De ser ciertas las publicaciones y el propio catálogo ANT, la NSA dispondría para sí misma y para los países miembros de la alianza *Five Eyes* de unas capacidades de adquisición de datos obviamente avanzadas, que permitirían el espionaje sobre productos de diferentes fabricantes estadounidenses, como Apple, Cisco o Dell. Aunque existen dudas acerca de la colaboración de dichos fabricantes con la Agencia, dicha colaboración parece necesaria para alcanzar las capacidades descritas en el famoso catálogo; por ejemplo, el producto identificado como IRATEMONK puede contaminar el firmware de fabricantes de sistemas de almacenamiento como Western Digital o Maxtorm, permitiendo el robo de información con independencia del sistema de archivos o del sistema operativo utilizados.

2.3.3. Rusia: APT28

Rusia tiene unas necesidades de información habitualmente diferentes a las chinas; frente al espionaje industrial de estos, con APT1 a la cabeza, los servicios rusos están más interesados en informaciones geopolíticas o de defensa, y para obtenerlas orquestan ataques dirigidos y muy sofisticados, en contraposición al modus operandi chino, habitualmente menos discreto. Entre los intereses de este grupo destacan principalmente los gobiernos de Europa del Este, en especial Georgia –sin duda, debido a los conflictos entre este país y Rusia–, así como organizaciones del ámbito de la defensa y la seguridad, como OTAN u OSCE.

Los analistas de FireEye determinan en el informe de APT28 que el grupo ha estado operativo desde al menos 2007 –a partir de las fechas de compilación del malware– y ha evolucionado desde entonces su infraestructura de forma organizada, con un desarrollo sistematizado y formalizado que ha permitido establecer y mejorar un ecosistema de código dañino –piezas que trabajan con el mismo objetivo– desde ese año, con una evolución más o menos continua. Esta evolución, aparentemente, ha sido abordada por un equipo técnicamente muy cualificado y que ha trabajado en especial en horario laboral ruso (husos horarios de Moscú y San Petersburgo) –un factor determinante para la atribución–; los intereses de este equipo han pasado y siguen pasando por la ocultación de actividades dañinas, dificultando de esta manera el análisis TECHINT del malware.

2.3.4. ¿Quién falta en la lista?

Podemos darnos cuenta de que la relación de principales países actores en esta guerra y la relación de los grupos referenciados no es proporcional: no se han identificado grupos en Alemania, Francia o Israel, al menos no del estilo de los que hemos presentado aquí, que corresponden a USA, Rusia y China. Es muy interesante el análisis de los autores de los diferentes informes que identifican a estos grupos: mientras que Mandiant/FireEye (USA) han sacado a la luz a APT1 (China) o APT28 (Rusia), Kaspersky (Rusia) ha hecho lo propio con EQUATION (USA) y un error denominado Snowden nos ha mostrado qué es el grupo TAO (USA).

No hace falta ser muy listo para intuir posibles intereses estatales en la identificación de grupos de otros países, en especial de países que no comparten objetivos o estrategias y que por tanto pueden considerarse hostiles –insistimos, hostil no significa que un estado invada militarmente a otro–. Una empresa como Kaspersky, que presuntamente puede mantener una buena relación con el FSB, se encarga de sacar a la luz a EQUATION, mientras que FireEye, que quizás también tiene una buena relación (presuntamente, claro) pero en este caso con la NSA, publica las capacidades de países como China o Rusia. ¿Casualidad? En este mundo no existen. También es necesario destacar que, por ejemplo, Kaspersky ha publicado información muy valiosa sobre amenazas con presunto origen en Rusia, y que, desde luego, tenemos que huir de amarillismos que tratan de ligar inapropiadamente a esta empresa con los servicios de inteligencia rusos, con los que –opinión personal– seguro que mantiene una buena relación, pero a los que dudo mucho que les permitan instalar puertas traseras en el software vendido a millones y millones de usuarios, por poner solo un ejemplo.

Como indicábamos, en esta presunta guerra se deja al margen, al menos hasta el momento, a los otros tres países a los que hemos referenciado en este trabajo: Alemania, Francia e Israel, que recordemos son los que presuntamente pueden tener interés y capacidad para una adquisición global. No se identifican grupos activos con origen en estos estados, más allá de las capacidades SIGINT o CNO oficiales o extraoficiales que han establecido cada uno de ellos; en algún caso, sí se han identificado amenazas teóricamente provenientes de estos países, como la francesa BABAR, pero desde luego no al detalle con el que se han descrito los grupos anteriores. Quizás los intereses no están focalizados en estos estados y se centran más en la relación de los principales países de occidente y oriente, USA vs. Rusia o USA vs. China, como, salvando las distancias, se ha venido haciendo desde mitad del siglo pasado.

Si realmente en estos momentos existe ese enfrentamiento es algo que por supuesto desconocemos, aunque algo podemos sospechar a la vista de los hechos que hemos comentado. En cualquier caso, en este escenario la Unión Europea está claramente posicionada en el lado occidental, más cercana a USA/FVEY que a Rusia o China, por motivos obvios. Pero, a pesar de esta situación, han saltado a los medios varios casos de espionaje entre países de la Unión Europea y USA (y viceversa, por supuesto, y también entre miembros de la UE); todo estado con capacidad lo hace, en un mundo donde no hay amigos, solo intereses.

3 Las campañas y el malware

Sin duda la parte más visible de una APT, o al menos la más visible para los tecnólogos, es el código dañino asociado a una campaña APT o la campaña APT en sí misma. Insistimos, una APT es mucho más que un *malware*, aunque en ocasiones confundamos dicho código con la amenaza en sí y en algunas referencias se hable de la amenaza como grupo o como *malware*. No obstante, en muchos casos será contra lo único contra lo que podamos luchar los que no trabajamos en servicios de inteligencia y, por tanto, no tenemos acceso a información privilegiada, generalmente de fuentes humanas.

Un error habitual es considerar que el código dañino asociado a una amenaza persistente avanzada es necesariamente avanzado; lo avanzado es la amenaza en sí, no el *malware*. Un ataque avanzado puede realizarse con código no avanzado, ya que la amenaza será lo suficientemente inteligente para determinar si somos un objetivo fácil (blando), al que se puede atacar mediante un troyano comercial sin ser detectado y en el que no es necesario invertir cientos de miles de euros en *0-days*, o por el contrario somos un objetivo bien protegido, difícil (duro), en el que un código dañino simple o conocido no va a funcionar y se requiere de un ataque más fino. Este grado de conocimiento de su objetivo es la "A" de avanzada. Personalmente, he visto ataques de actores muy hostiles y generalmente avanzados mediante código dañino que no era más que la mutación de malware conocido. Si funciona, ¿para qué invertir más en el ataque? Menos dinero y menos conocimiento proporcionado a los analistas de la víctima en caso de ser descubiertos.

A pesar de ser lo más llamativo, seguramente el *malware* avanzado asociado a campañas APT es lo menos interesante desde un punto de vista de inteligencia. Por supuesto, nos interesará analizar los especímenes para conocer a nuestro enemigo, pero no solo desde la vertiente técnica de la identificación de sus capacidades ofensivas, sino también desde el análisis de qué información le interesa, cuál puede haber sustraído, desde cuándo tiene acceso... Debemos realizar dicho análisis más allá de los aspectos puramente tecnológicos de una cepa concreta utilizada en una campaña determinada, porque los atacantes cambiarán su código dañino, sus técnicas..., pero seguirán interesados en nuestra información y nuestros movimientos: lo que no cambiará fácilmente serán sus necesidades de información.

Vamos a comentar en este apartado algunos aspectos llamativos de determinadas campañas o de códigos dañinos asociados a amenazas persistentes avanzadas. Aunque no es el objetivo del documento el análisis exhaustivo de cada espécimen –para eso están los correspondientes informes técnicos en cada caso–,comentaremos aspectos generalistas y características que llaman la atención de un analista cuando se enfrenta al "bicho". ¿Sabemos, por ejemplo, que NetTraveler, una amenaza china, no usa ningún *exploit* de día 0 y sin embargo consigue unos niveles de persistencia muy superiores a otras amenazas? Simplemente parcheando nuestros sistemas habríamos evitado ser comprometidos.

3.1. Stuxnet

Si hay un equivalente al 11-S en el ámbito de la ciberseguridad, ese es, salvando las distancias, el descubrimiento de Stuxnet: se trata del primer malware que "traspasaba" el ámbito lógico para impactar directamente en el físico, saboteando dispositivos de control industrial utilizados en el sector nuclear iraní, lo que implicaba un retraso estimado de cinco años en el plan nuclear de este país.

Stuxnet es un gusano descubierto en el año 2010 por una empresa de seguridad bielorrusa; sus capacidades son impresionantes, permitiendo la reprogramación de PLC de forma indetectable para el operador. Sus objetivos eran claros: los sistemas de control Siemens desplegados en centrales nucleares iraníes. Para lograr el control de estos objetivos, Stuxnet aprovechaba cuatro vulnerabilidades de día cero para Windows, además de utilizar certificados digitales robados de diferentes autoridades de certificación. Su intrusión inicial se realiza mediante pendrives USB y, una vez en la organización, el malware busca equipos con el software WinCC de Siemens instalado para contaminarlos.

Pero lo realmente impresionante de Stuxnet no es su vertiente informática, que ya es compleja de por sí, sino el conocimiento de los procesos nucleares de sus creadores. Este malware alteraba, de forma imperceptible, la velocidad de las centrifugadoras utilizadas para enriquecer uranio con objetivos nucleares, modificando exclusivamente variadores de frecuencia fabricados por dos empresas concretas, con unas condiciones de contorno dadas y solo si se superaba la frecuencia de 870 Hz, la necesaria para enriquecer este uranio. Además, dicha alteración se mantenía imperceptible para el operador, como hemos dicho, con lo que lo que debería ser uranio enriquecido se convertía en uranio de baja calidad, sin utilidad nuclear.

La sofisticación de este malware apunta a agencias de inteligencia estadounidenses e israelíes como origen de la misma, que lograron, con una precisión milimétrica, su objetivo: el retraso de varios años del programa nuclear iraní.

STUXNET

Descubrimiento	2010
Persistencia	3-5 años
Impacto	Sabotaje de variadores de frecuencia de ciertas empresas, usados para enriquecer uranio
Presunto origen	USA. Israel
Objetivo	Irán
Comentarios	Retraso de varios años del programa nuclear iraní

3.2. Duqu

Sin duda, el programa nuclear iraní despierta mucho interés en diferentes actores, o al menos en uno con una elevada capacidad de ataque. Tecnológicamente muy próximo a Stuxnet y con toda probabilidad relacionado con él, Duqu, descubierto en 2011 ([14]), comparte objetivos con el anterior: el programa nuclear iraní; no obstante, su aproximación desde el punto de vista de inteligencia es muy diferente, ya que Duqu no busca el sabotaje sino el robo de información útil para un ataque posterior contra esos objetivos (aunque el diseño de Duqu permitiría usar este malware de la misma manera que Stuxnet, atacando directamente a sus víctimas).

Duqu, como su familiar, utiliza diferentes exploits de día 0 para el núcleo de Windows, firma sus componentes con certificados válidos robados y focaliza sus esfuerzos de adquisición de información en objetivos relacionados con el programa nuclear iraní, afectando de esta forma a un número muy limitado de víctimas, pero especialmente sensibles.

Duqu

Descubrimiento	2011
Persistencia	1 año
Impacto	Robo de información asociada a sistemas de control industrial
Presunto origen	USA. Israel
Objetivo	Irán
Comentarios	Posible relación con Stuxnet, aunque propósitos diferentes.

3.3. Shady RAT

Shady RAT es el nombre que recibe una operación ([16]), con origen presumiblemente en China, que ha afectado principalmente a intereses estadounidenses en los ámbitos de defensa, tecnológico –objetivos ligados a la electrónica, a la informática, a la ciberseguridad...– y administración pública, así como a asociaciones sin ánimo de lucro o a organizaciones del ámbito del deporte internacional, como el COI. Este último factor, el interés en víctimas que no tienen interés económico particular, hace sospechar que la campaña Shady Rat tiene origen en un gobierno.

SHADY RAT

Descubrimiento	2011
Persistencia	5 años
Impacto	Robo de información
Presunto origen	China
Objetivo	Diferentes sectores, en especial gobierno y defensa estadounidenses
Comentarios	Campaña APT

3.4. FLAME

Flame es un malware con origen estadounidense o israelí especialmente dirigido al robo de información contra objetivos de Oriente Medio. Descubierto en 2012, en su momento se catalogó como el malware más complejo jamás analizado, veinte veces más complicado que Stuxnet. Con capacidades de propagación a través de red o dispositivos extraíbles, el malware puede obtener audio, capturas de pantalla, de teclado o tráfico de red, para remitir esta información, así como documentos ofimáticos, a servidores de exfiltración repartidos por todo el mundo. Sin un objetivo concreto, a diferencia de Stuxnet o Duqu, puede considerarse como una herramienta de ataque generalista para espiar a las víctimas, que como hemos dicho se focalizaban en Oriente Medio –especialmente, en Irán.

Como casi siempre, los principales actores sospechosos han negado públicamente su implicación en el diseño y explotación de Flame. Debido a la focalización del malware en objetivos como Irán, se ha apuntado a la unidad 8200 israelí, a la NSA estadounidense y al GCHQ británico como posibles fuentes del ataque, o quizás a una cooperación entre estos u otros países. Como datos curioso, cuando el descubrimiento de Flame se hizo público, los sistemas infectados eliminaron el malware de forma automática, al recibir una orden "kill" desde los servidores C&C, borrando toda traza del ataque y dificultando de esta forma las operaciones TECHINT contra Flame.

Flame

Descubrimiento	2012
Persistencia	2-5 años
Impacto	Robo de información
Presunto origen	USA. Israel. UK
Objetivo	Oriente Medio
Comentarios	Malware "generalista" para ciberespionaje

3.5. Red October

En octubre de 2012 Kaspersky descubrió una nueva campaña APT, en este caso contra objetivos diplomáticos de todo el mundo, pero con un interés especial en Europa del Este, antiguas repúblicas soviéticas y Asia Central. El objetivo de la campaña, denominada Red October y posiblemente activa desde 2007, era el robo de información diplomática de las víctimas. Para lograr este objetivo, los atacantes, con origen presuntamente ruso, diseñaron un kit modular que permite la ampliación de sus capacidades de manera rápida, y que puede adquirir información de diferentes plataformas, incluso móviles, y recuperar ficheros borrados.

Una vez se infecta una víctima de Red October a través de vulnerabilidades a priori conocidas de productos Microsoft (Excel y Word), el *dropper* instala una puerta trasera en los sistemas afectados, responsable de la comunicación con servidores externos, que se realiza de forma cifrada; en este caso, los atacantes han reutilizado código de otras campañas APT, sin modificar. Red

October utiliza más de sesenta nombres de dominio para sus servidores C&C, que actúan como proxies para recibir la información robada, enviarla a un segundo nivel de servidores y, desde él, a los C&C reales.

RED OCTOBER

Descubrimiento	2012
Persistencia	5 años
Impacto	Robo de información
Presunto origen	Rusia
Objetivo	Organizaciones diplomáticas de Europa del Este, antigua URSS y Asia Central
Comentarios	N/A

3.6. NetTraveler

En 2013 Kaspersky hizo público el descubrimiento de NetTraveler ([15]), un malware para la exfiltración de datos con origen presumiblemente en China. Sin considerarse especialmente avanzado (a diferencia de otro software dañino, no hace uso de ningún *exploit* de día 0), NetTraveler ha comprometido cientos de organizaciones de todo el mundo, en especial de Rusia, India y Mongolia, siendo la herramienta utilizada junto a otros malwares.

Los atacantes contaminan a sus víctimas mediante *spear phishing*, con anexos maliciosos que aprovechan vulnerabilidades en Microsoft Word; una vez contaminado un sistema, NetTraveler se instala en la máquina y exfiltra información comprimida, a través del protocolo HTTP, disponiendo de un fichero de configuración (parecido al que podemos encontrar en muchos programas de Windows) en formato texto plano donde se indica al malware los tipos de ficheros a exfiltrar (por defecto, ficheros ofimáticos, pero el malware también ha exfiltrado diseños de AutoCAD, entre otros), el servidor de exfiltración, etc.

No vamos a insistir ahora en la importancia de mantener una política de parches y vulnerabilidades adecuada en la organización, pero, a diferencia de otras campañas APT, en esta, al no aprovechar vulnerabilidades de día 0, si las víctimas hubieran mantenido sus sistemas convenientemente actualizados, probablemente la infección no se habría producido.

NetTraveler

Descubrimiento	2013
Persistencia	8 años
Impacto	Robo de información sensible
Presunto origen	China
Objetivo	Asia
Comentarios	Malware menos avanzado que el usado en otras campañas, pero igualmente efectivo

3.7. CARETO

CARETO salió a la luz en febrero de 2014, en un informe publicado por Kaspersky; este *malware*, con una sofisticación por encima de Duqu o RedOctober, roba información de sus víctimas (desde documentos ofimáticos o tráfico de red cableada o inalámbrica a capturas de teclado, pasando por claves PGP y capturas de pantalla) y la remite a servidores C&C mediante HTTP, servidores que se enmascaran para el analista haciendo referencia falsa a medios de comunicación españoles; esto, y el uso del español como lengua del desarrollador, hacen sospechar de su origen.

El malware utiliza dos paquetes denominados Careto, en espacio de usuario, y SGH, en espacio de núcleo, cada uno de los cuales puede funcionar de forma independiente o coordinada para robar la información. Realizan la comunicación con servidores C&C o de exfiltración a través de diferentes protocolos, siendo de nuevo HTTP el utilizado en la mayoría de víctimas. El malware puede ejecutarse sobre sistemas Windows y OSX, y existen sospechas fundadas de versiones para iOS, Linux y Android, y sus autores han tenido especial cuidado no solo en lo sigiloso de la persistencia, sino en mantener ocultas sus operaciones utilizando técnicas como el borrado seguro o listas de control de acceso a recursos.

O el origen de CARETO es España o se trata de un ataque *false flag*, en el que el atacante real intenta atribuir a un tercero el malware. El uso del nombre *Careto* y de claves de cifrado o información de debug con expresiones o nombres en castellano, el uso de servidores C&C que simulan relación con algunos de los principales periódicos de España... y el interés especial en Marruecos, país con el mayor número de infecciones,con un interés indudable para España, confirman su origen, salvo, de nuevo, la posibilidad del ataque *false flag*.

CARETO

Descubrimiento	2014
Persistencia	5 años
Impacto	Robo de información sensible
Presunto origen	España
Objetivo	Marruecos, Brasil, USA...
Comentarios	Uso del castellano.

3.8. UROBUROS

UROBUROS, analizado por la empresa alemana GData y publicado en febrero de 2014, es uno de los artefactos más complejos identificados hasta el momento. Técnicamente, el *malware* utiliza un sistema de archivos virtual cifrado (utiliza CAST-128) para trabajar (descarga de herramientas, almacenamiento de información...), en el que almacena desde archivos ofimáticos hasta capturas de tráfico de red. Esta información puede ser exfiltrada a través de diferentes protocolos, de los que HTTP es el más utilizado, y puede moverse lateralmente mediante *named pipes*.

UROBUROS tiene orígenes posiblemente rusos. Su complejidad (y por tanto su coste) y sus objetivos (grandes empresas, estados, agencias de inteligencia...) hacen sospechar, como fuente del malware, al SVR, que durante al menos cuatro años ha estado robando información de estos objetivos de forma especialmente sigilosa. En cualquier caso, sus autores son los mismos –presuntamente– que los autores de Agent.BTZ, *malware* utilizado en 2008 para atacar a los Estados Unidos. En caso que de que se detecte Agent.BTZ en el sistema, UROBUROS permanece inactivo.

UROBUROS

Descubrimiento	2014
Persistencia	4 años
Impacto	Robo de información sensible
Presunto origen	Rusia
Objetivo	Europa/USA
Comentarios	Uno de los malwares más sofisticados identificados hasta la fecha

4 | Arquitectura de la amenaza

Antes de lanzar un ataque contra un objetivo determinado, o al menos antes de lanzar la fase de intrusión de dicho ataque, que veremos más adelante en este mismo documento, el atacante debe desplegar unas capacidades que le permitan lograr su objetivo: generalmente el robo de información de una o más víctimas. Para ello invertirá los recursos necesarios para implantar una arquitectura que permita al *malware* (recordemos, la bomba que nos arrojan, volviendo al símil inicial) introducirse en la organización y, una vez dentro, recibir órdenes y comunicar su estado (lo que se denomina mando y control, *Command & Control* o simplemente C2) en la organización comprometida y enviar al exterior, a entornos controlados por el atacante, la información robada a las víctimas (proceso conocido como exfiltración), además obviamente de desplegarse y mantener su persistencia en el tiempo dentro de los diferentes objetivos comprometidos.

Para lograr el robo de información continuado en el tiempo, es prioritario para una APT pasar lo más desapercibida posible, ya que se ha invertido una gran cantidad de recursos, tanto económicos como humanos, en la orquestación del ataque, por lo que, con objeto de amortizar al máximo esta inversión, debe persistir en su víctima el mayor tiempo posible, robando los datos de su interés. Para que esto sea así y no ser detectado, la amenaza debe ser lo más sigilosa posible. Con estas premisas, nuestra amenaza desplegará su infraestructura y la dejará plenamente operativa antes de comenzar la fase de intrusión en su objetivo.

La infraestructura que requiere la amenaza consta, de forma simple, de dos tipos de elementos: unos, fuera del perímetro de la víctima, y otros, en la propia tecnología de la organización comprometida, lo que denominaremos arquitectura externa y arquitectura interna de la amenaza, respectivamente. Aunque se trata de una visión simplista, esta aproximación puede resultarnos útil para conocer la infraestructura tecnológica que el atacante debe desplegar para lanzar un ataque contra su víctima; no obstante, seamos conscientes de que en el ámbito ciber se avanza muy rápido –quizás demasiado–, especialmente los atacantes, y que en ocasiones la diferenciación entre elementos externos e internos se diluye o, directamente, se modifica por completo. Veremos ejemplos de esto mismo en el presente documento.

Siguiendo nuestra aproximación simplista, los elementos externos son principalmente aquellos dirigidos por un lado a la intrusión y por otro, ya en persistencia, al mando y control y a la exfiltración, mientras que los internos serán equipos comprometidos dentro de la organización que sirven al atacante para mantener su persistencia, adquirir información y procesarla en la víctima, antes de remitirla fuera de los sistemas de esta. Veamos los principales elementos de cada parte de la infraestructura necesaria para la ejecución del ataque.

4.1. Arquitectura externa

Desde un punto de vista externo a la víctima comprometida, dentro de la arquitectura del ataque, la APT habrá dispuesto diferentes tipos de recursos, de servidores ajenos a la organización atacada que participan –habitualmente sin saberlo sus propietarios– en el ataque orquestado por la APT: se trata de las infraestructuras de intrusión y de persistencia, compuesta esta última por los servidores de mando y control, responsables de enviar órdenes a los equipos comprometidos en las víctimas de la amenaza y recibir respuestas de estos, y de los servidores de exfiltración, cuyo cometido es recibir la información robada en las víctimas para que, posteriormente, sea recibida por el atacante. Por supuesto, esto es una generalización que no siempre será correcta, ya que, en ciertos casos, es posible prescindir de alguno o de todos los tipos de entornos externos expuestos aquí, pero nos permite describir en términos globales los elementos implicados en la infraestructura externa, ajena a la víctima, de la amenaza.

Con relación a la fase de **intrusión**, en función de las características de la misma (que analizaremos más adelante en este mismo documento), el atacante habrá dispuesto sistemas que albergarán la infraestructura necesaria para introducirse en el objetivo. Es habitual utilizar un servidor externo para la descarga inicial del malware que compromete a la víctima, con independencia de cómo se remita el *dropper*, el software que no contiene código dañino pero que es capaz de descargarlo, tal y como veremos a la hora de hablar de la fase de intrusión de la amenaza. Este código dañino estará ubicado en un servidor comprometido desde el que la víctima lo descargará –lo más habitual es una descarga web–, y que muy posiblemente solo será utilizado para esta etapa del ataque, no para el entorno de exfiltración o de mando y control propios de la etapa de persistencia. Aunque el *dropper* suele remitirse a través de correo electrónico, en un ataque de *spear phishing*, adicionalmente en ciertos métodos de intrusión –como *watering hole*– es el propio *dropper* el que está hospedado en un recurso externo a la víctima, en un servidor web desde el cual personal de la organización atacada se lo descargará con una simple navegación.

Una vez superada la intrusión, comenzará la etapa de **persistencia**. El primer tipo de servidor externo asociado a esta fase es el correspondiente al entorno de **mando y control**: los sistemas que conforman la infraestructura C2 permiten al atacante el control remoto del malware, alterando su comportamiento en función de los condicionantes correspondientes en cada caso. Gracias a esta infraestructura la amenaza puede enviar órdenes para cambiar la configuración del malware, dirigirse a otras fuentes de datos de la víctima, "dormir" al malware en caso de sospechar que se ha detectado el compromiso o, incluso, destruir todo rastro de la contaminación en una víctima. Así, desde los servidores de mando y control se enviarán órdenes al malware y se recibirá el estado del mismo de forma general o el resultado de la ejecución de una orden remitida desde dichos servidores.

Adicionalmente a los servidores de mando y control, también en la fase de persistencia, otro aspecto fundamental de la amenaza lo constituyen los servidores de **exfiltración**, máquinas ajenas a la organización atacada que reciben la información robada desde dicha organización y, de una u otra forma, se la proporcionan al atacante (se conoce por exfiltración al proceso de extraer información de la víctima para remitirla al atacante). Este proceso se realizará desde algunos de los equipos comprometidos en la víctima –o desde todos ellos–, que remitirán la información robada mediante protocolos como HTTP, de manera cifrada –para dificultar cualquier tipo de identificación o análisis– y en fragmentos que no llamen la atención por volumetría.

Cuando el servidor de exfiltración recibe la información robada, es habitual que se elimine, tanto del origen –el sistema comprometido dentro de la víctima– como, posteriormente, del propio servidor de exfiltración, remitiéndolo desde este a un tercer sistema de la infraestructura de ataque o adquiriéndolo directamente desde dicho tercer sistema, para iterar la operación desde un cuarto entorno, desde un quinto... De esta forma se dificulta tanto el análisis TECHINT como el rastreo del origen real del atacante, que obviamente no se corresponderá con ninguno de los N primeros sistemas de **salto** que podamos trazar.

Por supuesto, dificultar la traza desde la parte de la arquitectura externa visible para la víctima, los servidores de mando y control o de exfiltración, o el propio origen del ataque es prioritario para el atacante (ya hemos hablado antes de la atribución); para ello puede utilizar redes de salto con un "N" elevado, e incluso *botnets*, redes de equipos *zombies* controlados por el atacante y que le permiten acciones como transferir información robada por medio mundo hasta llegar a su destino real, iniciando el envío tanto en origen como en destino y por supuesto de manera automática o semiautomática: no hay un atacante conectando directamente con su línea particular a la arquitectura externa de la amenaza y descargando manualmente la información robada o dando órdenes para controlar al *malware*.

4.2. Arquitectura interna

Durante el diseño del ataque, la amenaza persistente avanzada habrá diseñado un *malware* capaz de persistir por periodos largos en la organización comprometida, robar información de forma dirigida y controlada desde el exterior –como ya hemos visto– y garantizar su persistencia dentro del objetivo. Este *malware* será introducido en la organización mediante un *dropper* y a través de diferentes vías (algunas de ellas serán comentadas a la hora de analizar la fase de intrusión de la amenaza), de manera que se comprometa inicialmente al menos un equipo de la víctima.

El malware utilizado en un ataque avanzado dispondrá, con una alta probabilidad, de *exploits* que aprovechen vulnerabilidades de día 0 (*0-day*), aquellas no conocidas de forma abierta y de las que el fabricante no proporciona parches para su corrección (aunque hacemos hincapié en un aspecto ya comentado y en el que insistiremos: lo avanzado es la amenaza, no el código dañino necesariamente). Por norma, estas vulnerabilidades o su *exploit* asociado pueden ser descubiertos por una capacidad del propio atacante o, más sencilla y habitualmente, ser comprados (en el mercado negro es posible adquirir una vulnerabilidad de día 0 si se está dispuesto a pagar lo suficiente). Obviamente, cuanto más impacto potencial tenga esta vulnerabilidad –es decir, cuantas más posibles víctimas puedan ser comprometidas con ella– más cara será: no es lo mismo una vulnerabilidad que afecte al driver de un modelo concreto de impresora sobre un sistema operativo como TheOS –un entorno excelente, pero sin duda no el más popular del mundo– que un *0-day* contra tecnologías como OpenSSL, utilizada en los subsistemas de cifrado de buena parte de sistemas operativos o de *appliances* conectados a Internet. Incluso existen tabulaciones de precios en función de parámetros como los indicados aquí (impacto, alcance...) para poder hacernos una idea de cuánto dinero debe desembolsar la APT para introducirse o persistir en su objetivo.

Aunque es habitual aprovechar este tipo de vulnerabilidades, existen casos de campañas con una elevada persistencia que no han utilizado ningún tipo de *0-day*, sino simplemente vulnerabilidades conocidas. Este hecho demuestra que, en ocasiones, nos preocupamos demasiado por la detección de malware especialmente avanzado, pero no tenemos en cuenta que algo tan sencillo como una buena política de parches y vulnerabilidades en la organización puede parar gran cantidad de ataques contra nosotros: además de por un *0-day*, deberíamos preocuparnos por un *100-day*... y corregirlo parcheando.

Sea como sea, el malware entrará en la organización por una de sus puertas –discreta, por supuesto– y tratará de persistir el mayor tiempo posible dentro, para lo cual será fundamental no llamar la atención en esta etapa de persistencia (que analizaremos posteriormente en este mismo documento). Tras la intrusión inicial, que en ocasiones afectará a un único equipo de la organización comprometida, el atacante necesitará comprometer algunas máquinas más –no muchas, como analizaremos más adelante– desde ese huésped; para este compromiso aprovechará de nuevo vulnerabilidades, de día cero o no, aunque debemos tener en cuenta que, al estar ya dentro de su víctima, la propagación a otros equipos será más fácil a priori que la intrusión inicial. Veremos que este compromiso de varios sistemas es una condición casi obligatoria para mantener la persistencia con suficientes garantías. En resumen, la amenaza debe controlar un número acotado de sistemas de la organización, los suficientes para que en caso de pérdida de una de las máquinas (rotura de una placa, sustitución, formateo...) no se rompa la persistencia, pero los suficientemente pocos como para no llamar la atención y evitar ser descubiertos de manera casual.

Evidentemente, el ataque y control de varios sistemas desde el comprometido inicialmente no será aleatorio; de una u otra forma el atacante determinará qué equipos son los más interesantes y tomará el control de los mismos de manera dirigida, bien desde el propio malware inicialmente introducido en la organización o bien desde servidores externos que controlan el comportamiento del malware, como veremos más adelante. Con varios equipos comprometidos, comunicándose entre sí y con el exterior, la amenaza está plenamente operativa: como se suele decir, están dentro.

4.3. Técnicas de evasión avanzadas

Las técnicas de evasión avanzadas (AET, *Advanced Evasion Techniques*) son un *buzzword* no tan popular como APT, pero que empieza a ponerse de moda en el sector. Básicamente, AET es una palabra nueva para denominar a las técnicas de ocultación clásicas que han utilizado los atacantes desde siempre, combinando diferentes técnicas de evasión –quizás de ahí la palabra "*Advanced*" –, como la fragmentación de paquetes junto al cifrado, e incluso alterando este comportamiento en caliente, para pasar desapercibido a los ojos de la víctima comprometida.

Desde los años 90, con el auge de los sistemas de detección de intrusos "clásicos" (esto es, basados en detección de usos indebidos) las técnicas de evasión son un campo activo ([23]) en el que los investigadores tratan, por un lado, de evadir las capacidades de IDS o IPS existentes y, por otro, de reforzar dichas capacidades para detectar la evasión. En estos años, sin duda una de las técnicas de evasión más utilizadas ha sido la **ofuscación** del *payload* en los tráficos de ataque, consiguiendo engañar a los sistemas de detección pero haciendo que el ataque se interprete de manera correcta en el equipo objetivo. Con esta técnica se evita, bajo determinadas circunstancias, que los NIDS basados en firmas identifiquen el contenido de los paquetes, siendo así incapaces de detectar el uso indebido (decimos bajo ciertas circunstancias porque, como se ha indicado, los motores de detección cada vez están más preparados para identificar según qué tipos de ofuscación).

Además de la ofuscación de tráfico, otra técnica de evasión habitual es la **fragmentación**, la descomposición de un ataque en diferentes tramas –incluso remitidas en un orden no secuencial– que serán recompuestas en el sistema objetivo, pasando así desapercibido el ataque ante sistemas de detección que no tengan la capacidad de reensamblado de tramas (o, si la tienen, sobrepasando dicha capacidad). También es un problema para las capacidades de detección el **cifrado** de la información contenida en los paquetes, de manera que los sistemas de análisis no sean capaces de descifrarla y por tanto de identificar los ataques; en nuestro ámbito, hablando de amenazas persistentes avanzadas, esta cifrado de la información es una técnica de evasión muy habitual, por lo que es importante la capacidad de identificar tráficos cifrados sobre protocolos a priori en claro, como HTTP: si podemos determinar, por ejemplo, que un tráfico web plano circula de manera cifrada, tenemos una fuente de identificación de posibles exfiltraciones o comunicación con los sistemas de mando y control muy interesante, y para ello debemos analizar la entropía (un paquete cifrado es un paquete muy entrópico) de los campos de datos en los tráficos, en este caso, HTTP –aunque podríamos ampliar este análisis a cualquier protocolo.

En definitiva, cualquier técnica que "esconda", de una u otra forma, el contenido de los campos de datos en los paquetes en los que se incluye el ataque (si el ataque se basa en la utilización de este campo y no de las cabeceras de la trama) es válida para evadir las capacidades de detección habituales; es más, en muchos casos se habla de la **negación de servicio** como una técnica de evasión más: inhabilitando las capacidades de detección de una organización, por ejemplo bloqueándolas, evidentemente los ataques no serán detectados, aunque en este caso la organización será probablemente consciente, al menos, de que algo raro sucede –algo que ha tirado abajo su capacidad de detección.

Por supuesto, una APT hará uso de cuantas técnicas de evasión deba utilizar para pasar desapercibida dentro de su víctima –de ahí, insistimos, el concepto de "*Advanced*"–, tanto en las acciones de intrusión como en las de persistencia en el objetivo (recordemos la amortización de la inversión). No obstante, las técnicas de evasión no solo son tecnológicas, como las vistas en este apartado, sino que una amenaza avanzada utilizará aproximaciones más sutiles que eviten su detección; la primera, no generar usos indebidos –con técnicas de evasión o sin estas– ni ruidos que puedan ser significativos para un analista, y simular al máximo el comportamiento legítimo de un usuario de la organización comprometida: horarios laborales, uso del navegador, credenciales legítimas para el acceso a fuentes de datos, etc.

4.4. Ficheros portadores

Para exfiltrar información o, en general, para comunicarse con servidores externos, los atacantes pueden utilizar diferentes tratamientos de la información robada; por ejemplo, es posible exfiltrar ficheros sin más, o trozos de los mismos, enviándolos a servidores remotos o, de manera más elaborada –y con el objetivo de dificultar TECHINT– generar contenedores cifrados con la información a remitir fuera del perímetro. De la misma forma, también es posible aprovechar el envío de ficheros fuera de este perímetro de la organización para incluir en ellos datos adicionales que se desee exfiltrar; esta especie de esteganografía más o menos simplificada puede ser utilizada a través de cualquier medio que posibilite el intercambio de archivos, denominados **portadores** (imágenes, documentos o vídeos son los formatos más utilizados, pero se puede insertar información en cualquier tipo de archivo), desde el correo electrónico y sus anexos hasta la subida de archivos vía HTTP, por ejemplo incluso a lugares semipúblicos, incluidos foros o almacenamiento *cloud*.

No toda la información que contiene un fichero es procesada por las herramientas que abren el archivo interpretando su formato; existen metadatos, datos no referenciados, marcas de inicio y fin de fichero o incluso campos no utilizados ([20]). Por ejemplo, el formato JPEG tiene una marca de inicio, 0xFFD8, y una marca de fin, 0xFFD9 que los visores gráficos interpretarán para mostrar la imagen correspondiente en pantalla:

```
$ hexdump prueba.jpg |head -2
0000000 ff d8 ff e0 00 10 4a 46 49 46 00 01 01 01 00 60
0000010 00 60 00 00 ff db 00 43 00 03 02 02 03 02 02 03
$ hexdump prueba.jpg |tail -2
00188e0 db 75 57 dd 55 05 68 93 37 cd 23 ff d9
00188ed
```

Si un atacante añade datos, de cualquier tipo, antes de la marca de inicio, los visores no sabrán interpretar, por norma, el formato JPEG y darán un error de ejecución; si por el contrario los datos se añaden tras la marca de fin, el visor funcionará correctamente y mostrará la imagen sin mayor problema. Así, si un atacante quiere incrustar datos en el fichero JPEG, aparte de técnicas esteganográficas, podrá utilizar una aproximación tan simple como la siguiente:

```
$ (cat prueba.jpg ; echo "PON AQUI LOS DATOS A EXFILTRAR") >prueba2.jpg
```

Evidentemente, en lugar de añadir la frase anterior en texto plano, con una técnica tan sencilla es posible adjuntar, en este caso a la imagen JPEG, datos cifrados con la clave pública GPG del atacante para, posteriormente, subir la supuesta imagen a un servidor público que no levante sospechas –por ejemplo, los comentarios de un blog– desde el que el atacante podrá descargar el fichero y, con su clave privada, descifrar la información exfiltrada. Esta inyección de información hará crecer el tamaño del portador, obviamente, aunque existen otros métodos que evitan parcialmente este crecimiento (aquí únicamente lo referenciamos a título de ejemplo).

Por supuesto, detectar vías de exfiltración en las que se utilicen archivos portadores es complejo y dependerá en parte del medio de transmisión –la vía de exfiltración– a utilizar y de los usos indebidos o anomalías que esta exfiltración genere; las soluciones DLP desde luego son un control a considerar, pero en ocasiones se focalizan en aspectos que no siempre permiten la detección de estas vías de exfiltración.

4.5. (Supuesta) anatomía de un C2

Analizar el interior de un servidor externo utilizado por los atacantes para sus actividades de mando y control o exfiltración –como hemos indicado, pueden y suelen ser capacidades independientes para dificultar el análisis TECHINT– no es una tarea fácil: ante la más mínima duda acerca de su detección o de una intervención asociada a sus actividades, los atacantes suelen tener la capacidad de desmantelar rápidamente la infraestructura asociada a la exfiltración o al mando y control, volviendo a reorganizarla en poco tiempo –en servidores alternativos– y borrando todo el rastro que hayan podido dejar en los entornos iniciales. Esta operación podría hacerse, incluso, de forma completamente automática, mediante el envío de órdenes a los servidores comprometidos.

En determinadas campañas y bajo circunstancias concretas, sí ha sido posible, para diferentes equipos analistas, acceder al corazón de servidores externos utilizados por una APT; por ejemplo, en [21] se analizan servidores C&C asociados a FLAME, APT, ya referenciada en este trabajo. No obstante, esta no es la tónica general, y menos en amenazas que son extremadamente dirigidas y no salen a la luz pública. De esta manera, dada la dificultad práctica para analizar desde un punto de vista forense servidores (C&C o exfiltración) utilizados por los atacantes, para determinar su anatomía o funcionamiento tendremos que basarnos en hipótesis. Así, ¿qué haríamos si tuviéramos que diseñar –no entrar al detalle técnico– un servidor para C&C o exfiltración? Al menos en este apartado, nos metemos en la piel del atacante, y tendremos en mente, en ese rol, nuestros **dos objetivos básicos**: pasar lo más desapercibidos posible y dificultar al máximo cualquier análisis TECHINT en caso de ser descubiertos e intervenidos los servidores (esto es, dificultar la respuesta a las preguntas, las 5W, que el analista se planteará en relación a la gestión del incidente y que veremos en el apartado correspondiente de este documento).

En primer lugar, y para tratar de lograr ambos objetivos, es habitual la **separación y diferenciación** entre servidores de mando y control (C&C, aquellos utilizados para comunicar órdenes a los sistemas finales comprometidos) y los servidores de exfiltración (aquellos utilizados para enviar información robada a nuestra víctima). Se trata de capacidades que pueden ser completamente independientes entre sí, por lo que parece lógico separarlas en la medida de lo posible: de esta forma, además de levantar menos sospechas ante las capacidades de vigilancia que desplegará un equipo analista, en caso de detección e intervención de los servidores asociados a la APT, la información que se podrá obtener de cada uno de ellos será parcial, dificultando así las actividades de contrainteligencia de la víctima.

Con este mismo objetivo de dificultar cualquier análisis de sus actividades, obviamente el acceso desde los sistemas reales del atacante a los entornos comprometidos que actúan como servidores de mando y control o de exfiltración no se realizaría de manera directa, sino desde una **red de salto** conformada por otros equipos comprometidos; así, en caso de intervención –y si al atacante no le da tiempo a borrar rastros, que por supuesto lo intentará– el analista no tendrá información directa, a través de los propios registros del sistema, de algo tan básico como la dirección IP origen desde la que el atacante trabaja.

Siguiendo en la piel del atacante, y pensando en un ataque completamente dirigido (queremos información concreta de un objetivo determinado) con recursos adecuados (esto es, tenemos tiempo, conocimiento técnico, acceso a ciertos *exploits* 0-day...), lo primero que haríamos podría ser comprometer servidores que no tengan una **reputación negativa**, para evitar la detección trivial de comunicaciones con entornos que puedan estar incluidos en listas negras. Algo habitual en campañas APT es explotar un 0-day que afecta a **tecnologías concretas** ampliamente utilizadas (por ejemplo, en el caso de entornos web, Wordpress o CPanel), y comprometer servidores que se basen en dichas tecnologías pero que sean considerados legítimos en cuanto a su reputación. Por supuesto, cuanto más habitual sea la tecnología más caro será el *exploit*, pero recordemos que nuestra hipótesis partía del hecho de que teníamos recursos adecuados. En este sentido, tenemos que tener en cuenta que, igual que hemos aprovechado una vulnerabilidad, otros podrían aprovecharla (aunque el vendedor del *0-day* garantice que solo nos lo proporciona a nosotros); los servidores utilizados en una campaña **no deben ser completamente vulnerables**, ya que si lo fueran cualquiera podría comprometerlos, hacer que se incluyeran en una lista negra... o sencillamente obtener la estructura de nuestro despliegue (TECHINT). Un debate interesante en este punto es analizar si, como atacantes, parchearíamos la vulnerabilidad que hemos aprovechado para que nadie la pueda utilizar en nuestra contra; esta aproximación no debe ser la habitual, ya que, por un lado, las probabilidades de dicho uso son bajas y, por otro pero quizás más relevante, si modificamos el entorno estamos proporcionando un parche para una vulnerabilidad que posiblemente nos ha costado mucho dinero: si alguien lo descubre, puede tirar abajo buena parte de nuestra infraestructura de servidores externos.

Con un número considerable de servidores comprometidos, una de las primeras acciones que podríamos abordar como atacantes es el **control de acceso** a nuestro entorno, partiendo no solo de usuario y contraseña –obvio, aunque muy fácil de romper en un análisis– para el acceso a los paneles de mando y control, sino de, por ejemplo, un control de direcciones que acceden para recibir órdenes o dejar información robada: si el origen de una petición es nuestra víctima, nos interesará procesarla de una forma adecuada a nuestros objetivos, pero si el origen es cualquier otro –por simplificar, un spider de Google o, peor, una empresa de seguridad–, nos interesará pasar desapercibidos. Así, en función de la IP origen, actuaremos de una u otra forma, denegando el acceso y proporcionando códigos 404 a solicitudes que no provengan de nuestro objetivo concreto.

Como hemos dicho, uno de nuestros objetivos es dificultar al máximo el análisis TECHINT en caso de que el servidor sea intervenido; por este motivo, aparte de tratar de pasar desapercibido con controles de acceso básicos, como los indicados, como atacantes podremos emplear **cifrado** para proteger la información robada, de manera que un analista no llegue a averiguar cuáles son los datos adquiridos o las materias concretas de nuestro objetivo en las que tenemos interés. Puede ser habitual que se utilice cifrado asimétrico para cifrar la información robada –en origen– con una clave pública, de manera que dicha información solo sea accesible mediante la correspondiente clave privada, en poder del atacante. Así conseguiremos que, en caso de intervención de nuestro servidor comprometido, el analista no sea capaz de determinar qué datos hemos robado de nuestra víctima (por lo menos, a priori), al no disponer de la clave privada, que estará en nuestro poder.

Por supuesto, en nuestro objetivo de pasar lo más desapercibidos posible, el **código** utilizado en los servidores remotos (por ejemplo, PHP) no incluirá ningún tipo de referencia, comentario, estilo... que pueda identificarnos como atacantes: emplearemos para el manejo de información equipos estándar, en inglés, y el estilo de programación deberá ser completamente aséptico, por ejemplo en la nomenclatura de variables o en el nombre de funciones; es más, si es posible la **ofuscación** de este código para dificultar al máximo TECHINT, mejor que mejor. La **visualización** del panel de control será completamente genérica, arcaica, sin hacer referencia visual en ningún momento al propósito de nuestro código o a la funcionalidad explícita del mismo o incluso simulando ser un panel de control de alguna funcionalidad inocua del servidor comprometido.

También para pasar desapercibidos es importante el **control de volumetrías** de datos ubicados por el atacante en los servidores comprometidos; si, por ejemplo, se exfiltran grandes volúmenes de información, es posible que el responsable legítimo de la gestión de los servidores se percate del compromiso simplemente por las alertas de los sistemas de monitorización de capacidad. Por este motivo, especialmente en los servidores de exfiltración, una vez que como atacantes hemos descargado la información robada, debe **eliminarse automática o manualmente esta información** (preferiblemente la primera) del propio servidor; este borrado debe realizarse de forma segura, impidiendo recuperación de datos, de manera que un analista no pueda determinar el volumen –ni el contenido– de la información sustraída durante la fase de persistencia.

En caso de que, como atacantes sospechemos que hemos sido detectados, los servidores externos utilizados por la APT deben disponer de capacidades automáticas o semiautomáticas para el **borrado seguro** de la información asociada a la amenaza, tanto de la infraestructura utilizada por los atacantes –como el código fuente utilizado para la comunicación– como de la propia información robada. Esta capacidad dificultará, en caso de sospecha, cualquier análisis TECHINT ejecutado contra el entorno comprometido, tanto en lo que respecta a la información robada como en lo que respecta a detalles técnicos del ataque, como las capacidades utilizadas o los orígenes de las conexiones al panel de control del servidor.

5 | Ciclo de vida de una APT

Tras el despliegue de la infraestructura necesaria para ejecutar sus actividades convenientemente realizado, la amenaza entra en lo que denominamos el ciclo de vida de la APT, y que no es más que el proceso de ataque en sí; aunque existen varias aproximaciones al ciclo de vida, una muy clara es la denominada *kill chain* ([47]), el camino crítico que seguirá la amenaza para lograr sus objetivos y que se representa con las siguientes fases:

1. **Reconocimiento** de toda la información estratégica, táctica u operativa posible acerca del objetivo fijado: información del objetivo en redes sociales, revelación de información sobre la infraestructura tecnológica, personal, nombres de usuarios, direcciones de correo, etc.
2. Armamento o **militarización** de un objeto para empotrar el código dañino, el arma para "armar" en definitiva al objeto, en especial ficheros ofimáticos –Microsoft Office, PDF...– e incluso imágenes, y convertirlo en un arma troyanizada y empaquetada para enviarse posteriormente al objetivo. Seguramente la traducción de esta etapa por militarización o incluso directamente troyanización –aunque si somos técnicamente estrictos no sería lo mismo– no es la mejor y quizás la idea a transmitir cuando hablamos de "armar" al objeto se entiende mejor en el original inglés: *weaponization*.

3. **Entrega** del objeto dañino a nuestro objetivo, que constituirá la **intrusión** inicial en la red, mediante una o varias técnicas de ataque: ingeniería social vía vía correo electrónico, DNS Spoofing, ataques *Man in the Middle*, medios físicos (como *pendrives* infectado), ataques al visitar una web, etc.
4. **Explotación** exitosa del artefacto, una vez el usuario abre un archivo anexo a un correo electrónico, visita una URL determinada, etc., tanto mediante vulnerabilidades conocidas como las denominadas días 0 (*0-days*).
5. **Instalación** del código dañino en el equipo o equipos del objetivo, comprometiendo este y por tanto ya considerándose dentro de la organización; esta instalación puede abordarse nada más se produce la explotación del artefacto o con posterioridad, dificultando así la detección de la intrusión.
6. **Mando y control**: mantenimiento de comunicación entre los equipos comprometidos y los servidores de *Command and Control* (C&C) a través de los que reciben las instrucciones, para lo que se suele establecer una puerta trasera en la red. El malware instalado puede permanecer latente durante días, semanas o meses sin ser localizado, replicándose y actuando de forma orquestada a partir de las órdenes que recibe de sus controladores.
7. **Acciones sobre el objetivo**, generalmente asociadas a robo de información, ya que como hemos indicado el sabotaje suele ser menos habitual (aunque las intenciones del atacante pueden ser múltiples, incluso utilizar a una víctima como plataforma de ataque hacia un tercero). Con independencia de sus objetivos, será prioritaria para la amenaza la **persistencia** dentro de la víctima, esto es, permanecer con ella el mayor tiempo posible; si además la intención del atacante es efectivamente el espionaje, dentro de esta fase trabajará con varios objetivos:

    a) Ejecución de actividades de **adquisición** de la información sensible dentro de la red, para lo que el *malware* comienza su fase de exploración a través de la infraestructura de la víctima, en la que se buscan los equipos que almacenan la información sensible utilizando diversas técnicas para obtener credenciales de usuarios, conseguir escalado de privilegios, buscar unidades mapeadas en portátiles o equipos de escritorio infectados y así extenderse a través de la red hasta llegar a objetos disponibles en recursos compartidos con información clave. Estas actividades se ejecutan mediante movimientos laterales de la amenaza dentro de su víctima.

b) Una vez adquiridos los datos sensibles en los servidores infectados, se envían al exterior a través de protocolos comúnmente permitidos como FTP o HTTP, con destino a otro servidor externo controlado por el atacante; este proceso se conoce como **exfiltración** y su movimiento asociado como externo.

Este ciclo de vida describe bien las etapas de la amenaza, pero por supuesto no es ningún estándar y existen muchas variantes del mismo, con mejor o peor fortuna a la hora de simplificarlo o complicarlo. Para evitar discusiones metafísicas acerca de dónde comienza una fase y acaba la anterior, a efectos de claridad podemos simplificar este ciclo en tres grandes etapas: el **reconocimiento** de su objetivo, la **intrusión** en este –que correspondería desde la *weaponization* hasta la instalación del código dañino en la víctima– y lo que denominamos fase de **persistencia**, correspondiente a las dos últimas etapas de las indicadas previamente. En esta última fase es en la que el equipo analista puede trabajar con mayor comodidad, por una cuestión puramente estadística: su mantenimiento en el tiempo; mientras que la fase de reconocimiento no tiene ni siquiera por qué implicar actividades técnicas detectables contra la infraestructura, y la fase de intrusión se produce en un momento muy acotado temporalmente, en la fase de persistencia es en la que el atacante permanecerá por un periodo de tiempo más extenso, por lo que es en la que podemos trabajar más cómodamente para su detección e identificación.

Es necesario destacar que las etapas anteriormente indicadas, y que habitualmente se asocian a amenazas persistentes avanzadas, se corresponden con la visión más directamente relacionadas con el ataque o la campaña en sí; en realidad, los atacantes trabajarán más profundamente en etapas ajenas a la propia organización, como el diseño de ataques noveles o la identificación de las necesidades de información que requieren antes del ataque directo. En este sentido, hacemos hincapié en la necesidad de considerar a la APT, no como un malware, avanzado o no, sino como un concepto mucho más amplio que abarca el ciclo de inteligencia al completo y en el que el malware es sencillamente la metodología de adquisición de información, y por supuesto siempre teniendo presente que el origen de todas las actividades dañinas son las necesidades de información de un tercero.

5.1. Reconocimiento

El reconocimiento de una organización consiste en la obtención de información significativa para estructurar y dirigir el ataque. Esta fase de reconocimiento de los ataques avanzados es muy difícil de detectar por medios tecnológicos, ya que en ocasiones ni siquiera implica un contacto con los entornos controlados por la organización. El atacante obtendrá cuanta información pueda de su objetivo: nombres de usuario, arquitecturas tecnológicas o, directamente, la identificación y caracterización de su objetivo concreto dentro de la casa, incluso con nombre y apellidos. Por supuesto, este reconocimiento no implica ningún tipo de ataque ni actividad anómala, ya que se puede limitar a la adquisición y análisis de datos abiertos y públicamente disponibles (aunque, por supuesto, existen otras técnicas más intrusivas).

En una APT, el reconocimiento no es más que una parte de la adquisición de información del objetivo, y por tanto puede realizarse con cualquiera de las disciplinas de adquisición indicadas con anterioridad (OSINT, HUMINT...), aunque una muy habitual será OSINT. Así, si estuviéramos planificando el ataque, podríamos analizar la información disponible en Internet, que es muchas veces suficiente para identificar los objetivos que manejan la información que queremos robar, incluso, como decíamos antes, con nombre y apellidos. Es más, muchas veces es la propia organización quien nos la facilita: en muchas webs se define el organigrama completo, o al menos los puestos directivos, que son los que más nos interesarán, y se publica sin ningún tipo de control de acceso el nombre, apellidos, cargo, correo electrónico... facilitando enormemente el trabajo a un atacante: le están ahorrando horas y horas de búsqueda en otros entornos para identificar a sus víctimas.

¿Dónde encontrar información en fuentes abiertas? Como hemos dicho, la página corporativa de la organización es una fuente excelente de datos, pero no la única. Es especialmente interesante la presencia de las personas en redes sociales, tanto personales como profesionales; la información existente en documentos e informes públicos, o incluso los resultados que buscadores de propósito general, como Google, nos ofrecen: desde direcciones de correo electrónico corporativas –con lo que el atacante puede inferir cuál es la dirección de su víctima, si no obtenerla directamente– hasta información sobre las tecnologías corporativas, por ejemplo en foros de debate técnico.

Es necesario encontrar un equilibrio correcto entre la información relevante que se publica de nosotros y nuestra seguridad. Sin duda, la presencia en Internet es clave hoy en día, especialmente para empresas, pero en ocasiones también para la Administración Pública; incluso por motivos legales se publica información sensible de ciertas organizaciones, como la relación de admitidos o ascensos en FFCCSE (incluyendo nombre, apellidos y DNI), pues, aunque, como hemos dicho, esto facilita enormemente la labor del atacante y desde un punto de vista estricto de seguridad es desaconsejable, para muchos negocios disponer de presencia en Internet no solo es un hito comercial (publicación de informes, mantenimiento de blogs, etc.), sino también tiene una justificación desde otros puntos de vista, como la reputación o la transparencia. En cualquier caso es necesario encontrar el equilibrio correcto entre diseminación de información y seguridad, y por supuesto poner especial celo en aquellas personas que, por uno u otro motivo, no deban tener presencia pública corporativa.

El análisis de fuentes abiertas ajenas a la organización suele denominarse **reconocimiento pasivo**, ya que no existe interacción entre el atacante y su objetivo: si buscamos información de, por ejemplo, el formato de las direcciones de correo de la víctima consultando blogs, foros o cualquier otro recurso público en Internet, no dejamos ningún tipo de traza en los sistemas de seguridad de la organización. Frente a este tipo de adquisición, encontramos el **reconocimiento activo**, aquel que implica interacción con el objetivo y que, por tanto, puede dejar trazas en sus sistemas de seguridad. Este modo de reconocimiento puede ser más o menos agresivo, y por tanto su registro puede o no generar alertas de seguridad: si nos dedicamos a navegar normalmente por la página web de nuestra víctima, aunque seguramente el servidor web mantendrá un log de nuestra visita, no se generará ninguna alerta, y nuestra visita se verá escondida entre las miles o millones de visitas inocuas, pero si queremos identificar vulnerabilidades u obtener la versión del servidor de correo corporativo mediante órdenes SMTP determinadas, es posible que se generen alertas y las mismas sean procesadas por el equipo analista. Por supuesto, el atacante rara vez llegará a un reconocimiento activo que llame la atención –recordemos que un objetivo clave es pasar lo más desapercibido posible–, como un análisis de vulnerabilidades contra los direccionamientos públicos de su víctima, por lo que, como decíamos al principio, detectar mediante controles técnicos la fase de reconocimiento será más que complejo. No obstante, sí que hay amenazas que realizan una especie de persistencia –una fase posterior– para abordar la etapa de reconocimiento, y es que comprometen de forma ligera al objetivo para obtener información del mismo y, una vez obtenida dicha información, ya son capaces de orquestar un ataque mucho más dirigido a objetivos concretos dentro de la víctima.

Además de las técnicas OSINT, que son las más habituales ya que dan resultado y son invisibles muchas veces para la organización víctima, es posible para el atacante utilizar técnicas más intrusivas, como HUMINT, ya sea mediante proximidad o mediante un *insider*, o incluso realizar un primer ataque contra la víctima con el objetivo de obtener la información de a quién hay que atacar posteriormente, en una acción más elaborada y que será la que más impacte en la organización. En realidad, es posible para el atacante aplicar cualquiera de las disciplinas de obtención de información definidas para la inteligencia convencional.

Recordemos, antes de finalizar, que el reconocimiento que actualmente asociamos a APT y que implica tecnología, hasta hace unos años podía realizarse –y sigue pudiéndose– mediante técnicas como el *trashing*, que han sido complementadas, que no eliminadas, por las nuevas tecnologías.

5.2. Intrusión

La fase de intrusión es también, como la de reconocimiento, difícil de detectar para el equipo analista, que trabajará de forma más cómoda –a pesar de su dificultad innegable– en la fase de persistencia. Tras la fase de reconocimiento, el atacante determinará sus usuarios víctima y la forma más fácil de llegar a ellos, bien directamente a través de la ingeniería social, bien indirectamente a través del ataque a una segunda persona que permita al atacante una aproximación inicial a su víctima: un compañero de grupo, una persona con la que hay cierta relación de confianza... o simplemente alguien más confiado que nuestro objetivo, para, posteriormente, atacar a la víctima real desde ese equipo de salto.

El reconocimiento también permitirá al atacante determinar la dureza de la víctima. Si se trata de un objetivo duro, bien protegido, esto implicará un ataque complejo o, al menos, caro, y evidentemente el desembolso tiene que valer la pena. Si por el contrario el objetivo es blando, con unas medidas de seguridad débiles, el ataque será más sencillo y barato; incluso si la información manejada por este no es especialmente crítica, el atacante puede decidir introducirse en su objetivo para robar datos con una direccionalidad menor, pero igualmente dañina. A este tipo de víctimas se les denomina de oportunidad, frente a las víctimas de interés, aquellas que presentan realmente un interés directo para el atacante ([49]).

Existen muchos métodos para introducirse en una organización. Por supuesto, el atacante siempre dispondrá de las capacidades de explotación remota de vulnerabilidades (por ejemplo desde Internet o desde la WiFi corporativa) contra su víctima, aunque estas no serán las más utilizadas por una amenaza avanzada ya que su detección es más probable que en otros métodos de intrusión. Generalmente, una APT llegará a su víctima mediante infecciones lógicas producidas a través de Internet (un adjunto dañino en un correo, un enlace malicioso...) o mediante infecciones físicas (un pendrive contaminado, un dispositivo con *backdoor*...), estas últimas utilizadas especialmente en redes aisladas, tal y como veremos más adelante.

Sin duda, el método estrella en la fase de intrusión es el spear phishing, un *phishing* dirigido mediante correo electrónico, un método efectivo, sencillo y, sobre todo, sin riesgo para el atacante, que remitirá este correo electrónico bien a la víctima, bien a otra persona de la organización. Es un simple correo especialmente construido para que nuestro objetivo lo abra (un tema que sabemos que le va a interesar, un remitente conocido, etc.), con un anexo o un enlace dañino que al ser abierto contamina el equipo de forma sigilosa; una vez el usuario lo recibe y abre el anexo o pincha en el enlace correspondiente, aparecerá información a priori relevante, pero lo que sucederá en realidad es que el usuario pasa a estar contaminado por el atacante, y posiblemente bajo su control total.

Detectar este ataque en su fase de intrusión es una tarea compleja, como hemos dicho antes. Será un correo más de los miles que nuestra organización va a recibir cada día, dirigido a una persona concreta y que, por supuesto, ningún clasificador bayesiano al uso marcará como spam. El atacante conoce perfectamente su objetivo y sabe cómo enviarle un gancho sin levantar sospechas: sobre un tema de su interés, posiblemente relacionado con su trabajo... e incluso de una persona conocida. Por supuesto, en un castellano –si esta es la lengua habitual en el objetivo– perfecto, algo muy lejano, por ejemplo, a los ataques de *phishing* a los que estamos acostumbrados hoy en día. ¿Quién no abriría ese correo? Seguramente todos lo haríamos. Por tanto, tendremos que buscar métodos de detección para esta etapa que estén por encima de las comprobaciones habituales que un usuario –o una herramienta de seguridad tradicional, como el sistema antispam– sea capaz de realizar (veremos algunas alternativas más adelante, en este mismo documento).

Otra técnica utilizada por los atacantes es la denominada watering hole, consistente en el compromiso de una página web que las personas de la organización que nos interesa contaminar visitan con cierta regularidad. Recordemos que conocemos bien a nuestro objetivo tras la fase de persistencia, por lo que, si el ataque directo es infructuoso, podemos contaminar, por ejemplo, la página de uno de sus proveedores y simplemente esperar a que un usuario de la organización víctima –o más– la visite y se contamine. Este ataque puede afinarse, por ejemplo para contaminar solo a nuestra víctima y no a otros visitantes de la página infectada –reduciendo así las probabilidades de ser descubiertos–, o puede ser utilizado para contaminar múltiples objetivos, por ejemplo, diferentes organizaciones de un mismo sector que comparten proveedores.

Además de las dos anteriores, existen muchas formas adicionales de infección, desde el ataque clásico (poco utilizado por las trazas que dejará en los registros de seguridad de la víctima) hasta el uso de perfiles falsos en **redes sociales**. ¿Qué sucedería si un atacante creara un perfil falso de una de estas organizaciones, solicitara contacto a todo el personal de la misma e incluso se uniera al grupo corporativo de la red social –si existiera– y, una vez hecho esto, lanzara un gancho a todas las personas de las que tiene visibilidad? Esto, por supuesto, no es una especulación: ha sucedido en la realidad, como prueba de concepto y, posiblemente, como ataque dirigido. Y es que el uso de las redes sociales, como el de cualquier entorno tecnológico, no es en exclusiva positivo.

La intrusión a través de redes sociales tiene una diferencia muy importante con el resto de vectores de ataque: los movimientos en este entorno deben considerarse públicos o semipúblicos. Dicho de otra forma, si un atacante envía un correo electrónico o "regala" un *pendrive* contaminado a su víctima, o a mil víctimas, muy poca gente se entera, pero, si un perfil atacante se enlaza en una red social con dicha víctima, seguramente esta información llegue a mucha gente. Esta condición implica que la intrusión a través de redes sociales debe realizarse con muchas precauciones, mediante la definición de perfiles de cobertura que puedan dan credibilidad a uno o más perfiles gancho, que deben aparentar una legitimidad total (actividad en la red, relaciones, contactos, grupos de interés...) para no llamar la atención de un tercero.

De manera adicional a cualquier vía de intrusión, siempre se podrá utilizar la figura de un **usuario interno** que, desde dentro de la red, y de forma voluntaria o involuntaria, contamine un sistema, por ejemplo de una forma tan sencilla como pinchando un *pendrive* USB en la red corporativa o utilizando su equipo de usuario como plataforma de contaminación inicial. La detección de *insiders* en las organizaciones es un reto interesante del que hablaremos más adelante, ya que las personas son el punto más débil de cualquier arquitectura de seguridad.

Como vía de intrusión alternativa, para determinados servicios siempre existe la posibilidad de intervenir la **cadena de suministro**, especialmente utilizada para ataque a redes aisladas. Esta capacidad suele restringirse a un ámbito de actuación nacional, por lo que debemos estar atentos al camino que sigue el material que vamos a desplegar en nuestra infraestructura, aunque, si alguien es capaz de intervenir esta cadena de suministro, con toda probabilidad tendremos complicada su detección en los suministros recibidos. ¿O cada vez que llega un router a nuestra organización lo abrimos y analizamos toda su circuitería para ver si viene implantado?

Sea cual sea la técnica de intrusión, el atacante introducirá de una u otra forma en la organización lo que se denomina un **dropper**, un código especialmente diseñado para desplegar malware en el entorno atacado; habitualmente, el *dropper* utilizado en ataques avanzados será de dos pasos (*two-stage*), es decir, no contendrá el propio malware, sino que lo descargará (por ejemplo, vía web) una vez activado. La técnica de un único paso, *single-stage*, en la que el propio *dropper* contiene el malware, es menos utilizada, a fin de evitar que la detección del *dropper* implique la detección del malware avanzado, proporcionando al atacado la menor información posible en caso de ser descubierta la intrusión (adicionalmente, se evitan tamaños considerables en el *dropper*, que podrían facilitar su detección).

La activación del *dropper* que se ha introducido en la organización a través de cualquier técnica y la posterior descarga e instalación del malware avanzado finalizan la etapa de intrusión: el atacante ya está dentro de la organización, controlado desde el exterior, y debe empezar a adquirir, procesar y exfiltrar los datos de interés. Comienza así la etapa de persistencia.

5.3. Persistencia

La fase de persistencia es aquella en la que la amenaza está dentro de su objetivo y trata de mantenerse en esta posición el mayor tiempo posible. Es la etapa del ciclo de vida de una amenaza en la que el analista tiene más posibilidades de detectar una presencia anómala, identificar el *malware* utilizado en el ataque e incluso analizarlo con relativa calma.

Una vez la amenaza está en su objetivo, se establecerá en él, desplegando capacidades de ataque y obteniendo información detallada de la infraestructura de la víctima o de la información que esta maneja. En las fases más tempranas de la etapa de persistencia el atacante puede ampliar el reconocimiento que ha realizado en etapas previas –esta ampliación puede realizarse incluso en la fase de intrusión– para determinar, si no lo sabe ya, el grado de interés de la información manejada en la víctima; si esta información no es útil para el atacante, este puede abandonar su objetivo, eliminando cualquier traza del ataque, o incluso utilizar *malware* no avanzado para robar esa información menos valiosa, evitando así quemar un cartucho –por ejemplo, gastar un *0-day*– para obtener dicha información: estos cartuchos son caros y se suelen reservar para objetivos duros con datos valiosos.

Si el atacante decide que la víctima es de su interés (insistimos, si no lo sabía de antemano), tendrá dos objetivos principales en esta etapa (además de persistir en la víctima, por supuesto): por un lado, obtener la información deseada de la organización afectada para proceder a su exfiltración y, por otro, mantener la comunicación constante con los servidores *Command & Control* (C&C), para interactuar con el malware que ha contaminado a la víctima. Para lograr estos objetivos realizará dos tipos de movimiento en su víctima: el **movimiento lateral**, orientado a la adquisición y tratamiento inicial de la información obtenida (empaquetado, compresión, cifrado) y al mantenimiento de la persistencia (contaminación de un número relevante de sistemas en la organización para que un fallo en uno de los entornos comprometidos no implique erradicación), y el **movimiento externo**, orientado a la comunicación con servidores C&C y a la exfiltración de información (los servidores C&C y de exfiltración no tienen por qué coincidir, y de hecho en buena parte de las amenazas no coincidirán para que la detección en uno de ellos no comprometa a la otra parte).

5.3.1. Movimiento lateral

¿Qué suele hacer un malware avanzado en su fase de persistencia, en lo referente el movimiento lateral? Los objetivos son principalmente dos: en primer lugar, asegurar la persistencia, esto es, la capacidad de mantenerse dentro de la organización y comunicarse con sus servidores de C&C y exfiltración, y, en segundo lugar, adquirir y procesar la información a robar, dejándola lista para la exfiltración. Todo esto, insistimos, como el resto de sus movimientos, con el máximo sigilo, para evitar que la víctima identifique el compromiso.

Una vez el malware ha comprometido una máquina de la organización a través de cualquier mecanismo, y quizás pasado un tiempo prudencial para evitar generar ruido y ser detectado, nuestro bicho –así llamaremos a este malware avanzado– comenzará a curiosear en la infraestructura de red, si debe conocernos mediante estos análisis; si ya nos conoce, de ataques anteriores o sencillamente de fugas de información por parte de personas de la propia organización, se ahorrará la investigación y el posible ruido que pueda generar para pasar directamente a adquirir, procesar y exfiltrar la información que necesita.

Para conocer el entorno en el que se mueve, nuestro malware puede utilizar diferentes técnicas: desde mecanismos muy discretos, como el acceso a recursos compartidos con las credenciales del usuario contaminado, algo que bien hecho no generará a priori alarmas en los sistemas de vigilancia, hasta aproximaciones más burdas, como los ataques por fuerza bruta a esos mismos recursos compartidos, el uso de SNMP o incluso el lanzamiento de *exploits* contra algunos entornos de la organización, aquellos que se desea comprometer, llamando lo menos posible la atención pero con más posibilidades de ser detectado que si lo conoce a la perfección y sabe dónde buscar la información que le interesa (y además utiliza, por ejemplo, uno o más *exploits* que aprovechan vulnerabilidades desconocidas, *0-day*). Además, tratará de capturar claves mediante técnicas como *pass the hash* o, simplemente, *sniffing*, garantizando así mayor persistencia y control sobre el entorno atacado.

Comprometiendo varios sistemas de la misma organización, el atacante se garantiza, por un lado, la persistencia (el borrado o apagado de un equipo único no desmonta el ataque) y, por otro, se abre camino hacia la información que le interesa; esta información podrá estar directamente en alguno de los entornos comprometidos o en otros sistemas accesibles desde estos. No obstante, el número de sistemas comprometidos es directamente proporcional a la probabilidad de ser detectado, por lo que este número no será, en los casos de ataques avanzados, muy alto, para así no despertar sospechas por el comportamiento anómalo de un número significativo de equipos de la organización.

Una vez garantizada la persistencia y con acceso a los datos relevantes, el siguiente paso que el malware ejecutará para lograr su objetivo es la extracción de información, atacando a fuentes de datos, como recursos compartidos de servidores Windows con ficheros ofimáticos, bases de datos donde se almacena la información o sistemas documentales. Las dos estrategias habituales para abordar esta extracción de datos son, en primer lugar, adquirir y exfiltrar toda la información posible para analizarla en destino, enviando volúmenes de datos considerables y por tanto incrementando las posibilidades de detección, y, en segundo lugar, identificar la información concreta de interés para el atacante, obtenerla, procesarla y exfiltrarla, de forma mucho más sutil, pero con el inconveniente de que una detección y el posterior análisis mostrará a la víctima en qué datos está interesado el atacante, pudiendo así preparar mejor una defensa.

Sea cual sea la estrategia de ataque, una técnica habitual es distribuir la información robada entre varios de los equipos comprometidos, incluso guardándola en contenedores cifrados; esta técnica evita obviamente la identificación directa de los datos robados –aunque con un buen análisis forense seguramente será posible el descifrado– y, sobre todo, dificulta la detección del compromiso: si guardo gigabytes de información en un único equipo, aparte del problema que tendría si por cualquier motivo ese equipo desapareciera, puedo ser detectado por incidencias simples de técnica de sistemas, como el llenado del disco. Otras alternativas pasan, incluso, por el uso de técnicas esteganográficas o la ocultación de datos en archivos aparentemente legítimos, como veremos más adelante.

La comunicación entre sistemas (envío de órdenes, intercambio de información, accesos a fuentes de datos...) se abordará por ejemplo con utilidades como psexec o con capacidades de comunicación entre procesos como las *named pipes* o los *mailslots*, aunque también es posible esta tarea a través de utilidades habituales de entornos Windows, como Remote Desktop. Mediante este tipo de técnicas los datos robados y procesados estarán distribuidos en diferentes máquinas, en volúmenes listos para la tarea final: la exfiltración, el envío de la información robada a los servidores externos controlados por los atacantes.

5.3.2. Movimiento externo

Como en el movimiento lateral, en el movimiento externo existen dos objetivos clave: la comunicación permanente con servidores de mando y control y la exfiltración de información obtenida de la víctima. Actualmente estos movimientos externos se realizan a través de HTTP (o HTTPS), DNS o SMTP (este último caso principalmente para exfiltrar). Realmente un atacante podría exfiltrar información o comunicarse con servidores C&C por casi cualquier protocolo, desde DNS a ICMP, pasando por IRC, protocolos P2P o incluso SSH, pero los que probablemente estarán permitidos en cualquier sistema de seguridad perimetral serán los citados con anterioridad. Dicho de otra forma, si un malware exfiltra a través de HTTP, podrá hacerlo y sobre todo podrá pasar desapercibido, mientras que, si exfiltra por UUCP, las probabilidades de no llegar a los servidores de exfiltración o de que se detecte rápidamente el ataque son más que considerables.

El movimiento externo de la amenaza se produce mediante peticiones –a través de cualquiera de los protocolos anteriores– generadas desde el malware instalado en los equipos comprometidos. Dicho malware, de la forma más discreta posible, simulará una navegación, una resolución DNS o un correo electrónico (o cualquier otro tráfico, aunque como hemos dicho se focalizará en estos tres tipos) aparentemente legítimo, de manera que pase lo más desapercibido posible tanto para el analista de seguridad como para el propio usuario del sistema afectado. Para garantizar esta discreción, los atacantes utilizarán técnicas generalistas, como evitar generar anomalías volumétricas o usos indebidos (por ejemplo, servidores externos en listas negras públicas), pero también aproximaciones muy dirigidas a un objetivo concreto, desde la adecuación a los horarios laborales de la organización víctima, la inactividad en los festivos –incluyendo festivos locales– o la actividad únicamente cuando el usuario tiene un navegador o un cliente de correo en primer plano, con foco en la ventana (¿recordamos lo que denominábamos AET, *Advanced Evasion Techniques*?).

Aunque con frecuencia hablamos de todos los servidores externos controlados por los atacantes como servidores C&C, realmente una amenaza avanzada trabajará con servidores C&C propiamente dichos, aquellos de los que recibe órdenes para buscar cierta información, cambiar su comportamiento, permanecer latente o sencillamente destruirse y, por otro lado, con servidores de exfiltración, aquellos a los que remite la información robada y desde los cuales, y a través de una serie de saltos, los atacantes recibirán dicha información. El objeto de separar ambos entornos es sencillo: en caso de ser descubierto y acceder a uno de los sistemas comprometidos para analizar el comportamiento del malware, el analista tendrá acceso a una información más parcial si separamos entornos que si un mismo sistema realiza tareas de C&C y de recepción de información.

5.3.3. Exfiltración sin tráfico saliente

Los atacantes saben que, cada día más, los ojos de los equipos de vigilancia están puestos en los tráficos salientes de las organizaciones, con el objetivo de detectar anomalías que puedan ser significativos de un ataque avanzado y su exfiltración asociada; por este motivo se buscan nuevas vías para robar información, incluyendo vías que no impliquen un tráfico saliente que pueda ser detectado. En este sentido, un canal que se está utilizando implica "exfiltrar" datos, no a Internet, sino a una zona de la red corporativa que ofrezca servicios desde el exterior, para posteriormente acceder a esta zona y robar la información desde Internet, no desde la organización, sin levantar sospechas en los tráficos salientes. Esta zona es, por supuesto, la DMZ corporativa, y uno de los mecanismos más utilizados para exfiltrar es ubicar la información en un sistema públicamente disponible, sobre el que no llame mucho la atención un acceso externo: por ejemplo, un servidor web corporativo.

El mecanismo es sencillo: en lugar de enviar la información a un servidor de exfiltración, el atacante la enviará al servidor web corporativo (por supuesto, en una ruta concreta bajo el *Document Root* de la web), lo que probablemente no generará tráfico externo y por tanto escapará a los ojos de los analistas de seguridad. Posteriormente, desde cualquier sitio de Internet, accederá a esa información a través de algo tan sencillo como un navegador, descargará los datos y enviará instrucciones al malware para que elimine la información ubicada en DMZ. Si el atacante es bueno, que lo es, y ha generado unos archivos en una ruta válida pero poco accedida por humanos –buenos ejemplos son directorios de estilos CSS o directorios de funciones PHP– y además con un nombre que no llame la atención, detectar este acceso anómalo no será, a priori, fácil para un analista, sobre todo porque no estará vigilando esta vía de acceso. A modo de ejemplo, como cuando me lo han dicho soy muy listo, me interesará detectar los objetos menos accedidos de mis servidores web: una vez eliminados falsos positivos, este control me proporcionará información útil, ya que la información exfiltrada será muy poco accedida: seguramente una única vez, por parte del atacante.

6 Detección del compromiso

Ya conocemos cómo la amenaza persistente avanzada orquesta su ataque contra nosotros, su objetivo, generalmente con la intención de robarnos información relevante. Conociendo estas acciones, debemos abordar ahora el principal problema al que haremos frente cuando estemos lidiando contra APT: la detección del compromiso. Esta tarea es especialmente compleja por dos motivos principales: la gran cantidad de información que debemos procesar para extraer conclusiones y el nivel de sigilo que las amenazas emplean en sus acciones. Uniendo ambos problemas, la detección es una tarea difícil (se suele decir que detectar el compromiso es buscar una aguja en un pajar), y para abordarla debemos trabajar en múltiples frentes, tanto técnicos como no técnicos, siempre con una premisa: **el atacante está dentro**. No es una hipótesis relativa a un potencial compromiso; nos ha comprometido ya, y ahora "sencillamente" debemos detectarlo. Si la amenaza persistente avanzada va de manera habitual ligada a actividades de inteligencia o, sencillamente, de espionaje, las aproximaciones para detectar y neutralizar estas actividades van ligadas al contraespionaje o a la contrainteligencia.

6.1. CONTRAINTELIGENCIA

Basándonos en la Ley 11/2002, reguladora del Centro Nacional de Inteligencia, podemos identificar la **contrainteligencia**, entendida como la acción de "prevenir, detectar y posibilitar la neutralización de aquellas actividades de servicios extranjeros, grupos o personas que pongan en riesgo, amenacen o atenten contra el ordenamiento constitucional, los derechos y libertades de los ciudadanos españoles, la soberanía, integridad y seguridad del Estado, la estabilidad de sus instituciones, los intereses económicos nacionales y el bienestar de la población".

Evidentemente, las actividades dirigidas a combatir la presencia de amenazas persistentes avanzadas en un entorno pueden y deben englobarse en el concepto de contrainteligencia expuesto; podríamos hablar en nuestro caso de **prevenir, detectar y posibilitar la neutralización de las amenazas**. Con frecuencia hablamos de la detección, identificación y erradicación de APT desde un punto de vista técnico, y este es uno de los principales errores que podemos cometer al hacer frente a estas amenazas: debemos aplicar técnicas de contrainteligencia, que podemos considerar equivalentes a las de inteligencia pero con el objetivo contrario. Por supuesto incluyen el ámbito técnico –igual que antes hablábamos de COMINT o de SIGINT–, pero son mucho más amplias que este, pues, aparte de cubrir estos aspectos, debemos considerar algunos complementarios, como los HUMINT, mediante la infiltración y vigilancia de grupos organizados a través del análisis de fuentes de todo tipo, o los OSINT, mediante el análisis de información públicamente disponible. Además, no debemos restringirnos a la identificación y análisis de las amenazas técnicas, sino que debemos ampliar más nuestros objetivos: las actividades de inteligencia o contrainteligencia deben incluir, por ejemplo, la identificación y análisis adecuados de las capacidades del adversario (herramientas, acuerdos, capacidades, objetivos...), para lo que se hace indispensable determinar no solo cómo trabaja nuestro adversario, sino, por ejemplo, qué información busca.

6.2. Tecnologías de detección

Hace unos meses, un estudio de Gartner ([4]) determinaba algo que todos sabíamos: que la defensa en profundidad clásica no era suficiente –aunque por supuesto sí necesaria– para protegernos contra amenazas APT y malware avanzado. En este artículo, se identificaban cinco familias de elementos de protección, clasificados, como muestra la imagen, en función de qué datos se analizan y cuándo se realiza el análisis.

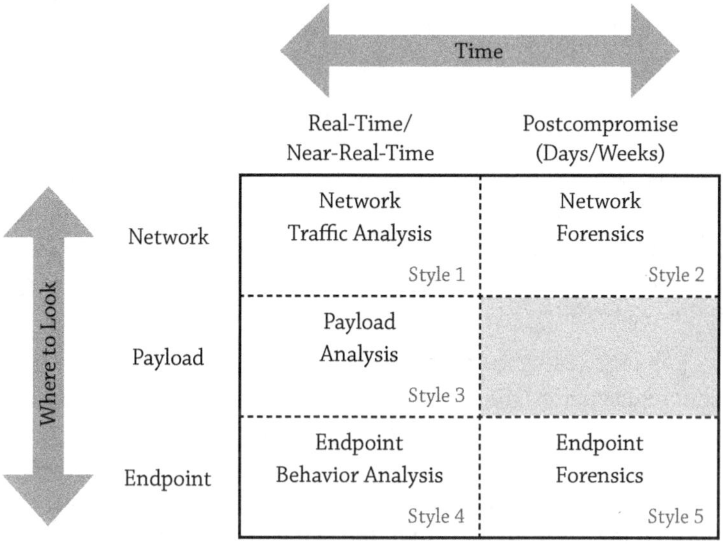

Estas cinco familias de detección son las siguientes:

1. **Análisis de tráfico de red.** Análisis de anomalías y usos indebidos en los flujos de comunicación entre sistemas, tanto externos como internos, en una organización.
2. **Análisis forense de red.** Captura y almacenamiento permanente de todos los paquetes que circulan por la red corporativa, proporcionando capacidades analíticas y estadísticas sobre los mismos como apoyo a la identificación de malware.
3. **Análisis de payload.** Análisis, vía *sandboxing*, de malware en tiempo real, preferiblemente antes de que contamine a la organización víctima.

4. **Análisis de comportamiento del puesto de usuario.** Aplicación de controles de seguridad (restricciones a la ejecución de aplicaciones, aislamiento, configuraciones seguras...) sobre el puesto de usuario final, con el objetivo de evitar una contaminación por malware o detectarla si se produce.
5. **Análisis forense de puesto de usuario.** Adquisición, procesamiento y análisis de datos del puesto de usuario con objeto de identificar compromisos o, si se han producido, determinar su alcance e impacto.

Lo que se defiende en el artículo de Gartner, entre otras cosas, es la necesidad de combinar aproximaciones para protegernos adecuadamente frente a ataques dirigidos, por ejemplo, usando análisis de *payload* y forense de red. La principal crítica que le hacemos –además de otras– es la consideración de APT como simple malware, avanzado, pero malware, pero estamos de acuerdo con el artículo en que, en la mayor parte de casos, será lo único a lo que podamos hacer frente de forma razonable.

Las cinco familias de detección indicadas utilizan diferentes tecnologías o aproximaciones a la resolución del problema asociado a las amenazas persistentes avanzadas, que comprenden desde el *big data* (otro término tan manido, o más, como APT) hasta la detección de anomalías, pasando por las capacidades de virtualización o los mecanismos de defensa a bajo nivel que aportan los sistemas operativos, tanto clásicos como nuevos. En el presente apartado vamos a ver, sin entrar en productos concretos, cómo abordar, mediante el trabajo de diferentes aproximaciones, la detección de un compromiso por parte de una APT. No nos focalizaremos, a diferencia del artículo de Gartner, en los aspectos más técnicos (SIGINT y TECHINT), sino que trataremos el problema desde una perspectiva, a priori, más global, abarcando diferentes disciplinas de adquisición.

6.3. Detección del compromiso

Al inicio de este documento hemos hecho referencia al ciclo de inteligencia y al rol que las amenazas persistentes avanzadas juegan en la etapa de obtención de información; ya que estamos trabajando con acciones de inteligencia, lo lógico para detectar la presencia de una APT en nuestro entorno es aplicar el mismo ciclo, ahora con la visión de contrainteligencia, para detectar estas actividades dañinas.

Si recordamos, la primera etapa del ciclo de inteligencia corresponde a la fase de planificación. En nuestra actividad de detección, lo primero que debemos plantearnos es qué información requerimos para identificar una amenaza en el entorno. La respuesta es obvia: deberemos adquirir, procesar y analizar el máximo de información significativa para detectar esta situación. Incluso aunque no la podamos analizar, nos interesará obtener toda la información que podamos –por supuesto, significativa– para identificar situaciones de compromiso por parte de capacidades APT.

Como el planteamiento anterior es algo vago y en la práctica necesitaremos concretar más, deberemos focalizar nuestros esfuerzos y capacidades en detectar cosas más tangibles siguiendo el ciclo de inteligencia[2]. Una primera aproximación debe ser el despliegue de capacidades de detección de los movimientos del malware avanzado, tanto laterales como externos, tal y como se desarrollará a continuación. Esta aproximación, en el marco de inteligencia, sería aproximado a **SIGINT**, y facilitará a la organización la detección de entornos propios que hayan sido comprometidos por un tercero. Por supuesto, estas capacidades deben considerarse obligatorias en cualquier organización, ya que sin ellas dependeríamos, en el mejor de los casos, de informaciones facilitadas por terceros.

En lo que respecta a la vigilancia de entornos no cooperativos, fuentes que identificábamos como **OSINT** (foros, blogs...),

---

2 Planificación, adquisición, procesamiento, análisis y diseminación. Aunque en este capítulo focalizaremos cada etapa en las diferentes disciplinas, el enfoque debe ser por supuesto global.

aunque los ataques realmente dirigidos rara vez se detectarán en estos ámbitos, sí es necesaria la vigilancia de estos entornos para identificar amenazas menos avanzadas pero que sobrepasan al malware genérico o incluso situaciones ajenas de forma directa a nosotros pero que puedan incrementar nuestro nivel de riesgo. También son relevantes, esta vez sí para la identificación de compromisos por capacidades APT, las informaciones **HUMINT** que terceros –por ejemplo, servicios amigos– puedan facilitarnos, así como la información que obtenemos a partir del análisis de artefactos utilizados por el atacante (**TECHINT**) y que nos indican sus capacidades, mutaciones sobre técnicas anteriores o, simplemente, sus conocimientos de nuestra organización y sus intereses en nuestros datos. Esta última información, la correspondiente al análisis forense de equipos sospechosos, se suele realizar una vez identificados con una probabilidad muy alta compromisos en la organización, ya que los análisis forenses son procesos costosos en tiempo y recursos.

6.4. SIGINT: detección de movimiento externo

Para detectar **movimiento externo** necesitamos en primera instancia identificar las vías de comunicación de la red corporativa con el exterior. Hemos adelantado antes que los canales habituales eran HTTP, DNS y SMTP, aunque en la práctica sería posible exfiltrar o comunicarse con servidores C&C a través de cualquier protocolo. Por supuesto, debemos identificar todas estas vías, aunque, para las tres anteriores, debemos realizar varias asunciones:

- El resto de tráficos salientes de la organización están bloqueados en los sistemas de seguridad perimetral y, en los casos más relevantes, al menos para la exfiltración (P2P, SSH...) se registra el intento de conexión y estos registros son revisados periódicamente.
- El tráfico HTTP legítimo es únicamente el generado por el proxy corporativo; toda la organización debe navegar, obligatoriamente, a través de este sistema.

- El tráfico DNS saliente tiene por origen los servidores de nombres corporativos; todas las peticiones DNS de la organización pasan obligatoriamente por estos servidores.
- El tráfico SMTP legítimo es únicamente el generado por el servidor corporativo de correo saliente; el resto de conexiones SMTP deben ser bloqueadas y registradas convenientemente, de nuevo revisando periódicamente estos registros.

En el caso de existir vías adicionales, deben ser vigiladas y analizadas de la misma forma que las anteriores, tal y como describiremos en el presente punto. En cualquier caso, es necesario hacer hincapié en que permitir la salida libre a Internet de toda o parte de la organización (esto es, que se puedan iniciar, desde la red interna, conexiones al exterior a través de cualquier protocolo) es una mala práctica que debe ser eliminada.

Una vez hemos superado la fase de **planificación** –esto corresponde, en nuestro caso, a determinar qué vías de salida de datos existen en la organización y qué información de las mismas requiero para detectar ataques avanzados– comienza la etapa de **adquisición**. En la misma, para la detección de movimiento externo, debemos obtener los registros de tráficos HTTP, DNS y SMTP, que como hemos indicado serán las vías habituales de exfiltración, las que consideraremos en este documento y las que comúnmente están habilitadas para la salida de tráfico de la organización.

Habitualmente, la salida **HTTP**, la navegación web, se realiza a través de un proxy, por lo que cada tráfico es registrado correctamente por el dispositivo y, simplemente obteniendo estos *logs*, podremos comenzar a procesarlos y analizarlos para detectar malware avanzado en nuestra organización. Por supuesto, tendremos varios problemas. El primero será el volumen de información con el que vamos a trabajar. Pensemos que por cada transacción HTTP el proxy registrará una línea con la información correspondiente; si consideramos además que lo que para el usuario es un simple acceso a una web realmente se traduce muchas veces en varias decenas de registros en el proxy, y multiplicamos ese volumen por los usuarios de la organización y su navegación estándar, nos encontraremos con gigabytes diarios de información a procesar, gigabytes que cada día tendremos de nuevo registrados y deberemos por tanto analizar. Desde luego, estamos buscando la aguja en el pajar –recordemos que el malware asociado a APT será sigiloso, generará unos pocos registros de navegación cada día–, por lo que deberemos utilizar herramientas automáticas que nos ayuden en esta tarea.

Otro problema al que deberemos hacer frente a la hora de adquirir datos de navegación es la información no registrada por el proxy y que nos puede resultar útil para la detección de malware avanzado. El proxy corporativo es sin duda la fuente de datos principal para la adquisición de la salida HTTP, y debe seguir siéndolo; no obstante, la información que registra puede ser complementada con otras capacidades de adquisición, como Passive Proxy, que de forma pasiva –esto es, vía *sniffing*– nos permitirá ampliar la información nativa del proxy con datos muy relevantes del tráfico HTTP, como el *User-Agent* utilizado en cada transacción o las *cookies* de las sesiones. Estas fuentes de datos son importantes para la detección de malware avanzado que haya podido comprometer a la organización, ya que su análisis permite detectar situaciones de anomalía o uso indebido que sean significativas de una contaminación.

En el caso del tráfico **DNS** saliente, en raras ocasiones dispondremos de unos registros tan accesibles como los de la navegación web. Aunque los servidores DNS de la organización, que recordemos son estos y no otros los que los usuarios corporativos deben consultar, suelen tener sistemas de *log*, la información que registran no es la más útil para un analista: son registros de sistema, que recogen cosas como las transferencias de zona o errores de configuración o ejecución. Por supuesto, estos datos son importantes, pero a un analista de seguridad le interesará mucho más otra información del tráfico DNS: quién y cuándo hace las peticiones DNS, quién las resuelve y qué respuesta obtiene. Esta información tan útil no es registrada por los sistemas servidores de nombres, al menos en su funcionamiento habitual –quizás alguno de ellos en modo debug o verbose permitan el registro, pero no se configuran así en casi ningún caso–. Por tanto, la adquisición que necesitamos será más complicada que en el caso del tráfico de navegación web y deberemos desplegar una capacidad que no estará instalada en la mayor parte de organizaciones, y que es Passive DNS. Esta capacidad nos permitirá registrar, en modo pasivo (como Passive Proxy en el caso del tráfico HTTP), la información que nos interesa de las consultas DNS que se realizan desde la organización, por lo que será una herramienta indispensable para, posteriormente, analizar los datos registrados y detectar posibles compromisos por parte de malware, avanzado o no.

Finalmente, para el correo electrónico saliente de la organización mediante tráfico **SMTP,** los registros del servidor o servidores de correo electrónico –recordemos, los únicos que deben ser capaces de generar tráfico SMTP saliente de la organización– nos serán de más utilidad que en el caso anterior, ya que suelen recoger orígenes, destinos, *timestamps*... de cada envío. No obstante, también será una buena aproximación complementar estos registros con capacidades adicionales, en primer lugar, porque cada servidor de correo genera sus registros con un formato propio, por lo que al desplegar capacidades en la organización dependeremos de integrar su servidor de correo con nuestros elementos de adquisición –algo que deberemos hacer, por supuesto– y, en segundo lugar, porque estos registros, como los HTTP, no recogen toda la información que puede ser útil para un analista: por ejemplo, no es habitual que contengan nombres de anexos al correo electrónico, ni mucho menos el cuerpo de los mensajes, datos que, con las consideraciones legales correspondientes, pueden ser muy útiles.

Así, las capacidades adicionales a las que estamos haciendo referencia para la adquisición SMTP son, en este caso, las correspondientes a Passive Mail, de nuevo, un elemento pasivo que es capaz de obtener datos muy relevantes del tráfico SMTP corporativo, tanto entrante como saliente –este último el que más nos interesará–. Por tanto, al igual que Passive Proxy complementa la información proporcionada por el proxy corporativo, Passive Mail complementa la información proporcionada por el servidor de correo. Como hemos dicho antes, en ningún caso se trata de capacidades alternativas sino complementarias.

Las capacidades pasivas de las que estamos hablando en la etapa de adquisición no son más que *sniffers* capaces de diseccionar cada uno de los protocolos anteriores (HTTP, DNS y SMTP);

diseccionados y normalizados cada uno de los campos relevantes, las herramientas permiten su inserción tabulada en base de datos o, sencillamente, en un fichero de texto, con lo que podemos comenzar su análisis, como veremos a continuación. Estas capacidades NO deben sustituir bajo ningún concepto al registro que proporciona un proxy HTTP o un servidor DNS o de correo electrónico, sino que deben complementar a estos para ampliar la información que podemos adquirir en cada caso y, por supuesto, procesarla posteriormente.

La aproximación pasiva tiene varios problemas: el primero es la posible pérdida de tramas, ya que, si no tenemos capacidad para vigilar todo el tráfico, este pasará de largo y no podremos registrarlo; el segundo, también muy importante, es que la capacidad pasiva necesita estar operativa en todo momento, ya que, si dejamos de registrar tráfico por cualquier motivo (un corte de red, una pérdida de *port mirroring* en la electrónica, el llenado de un disco...), no podremos recuperar los datos de registro a posteriori, como sí sucede con la adquisición vía log. Por tanto, es necesario insistir en la complementariedad de todas las capacidades de adquisición, no en la sustitución de unas por otras.

Una vez tenemos la capacidad de adquisición de la información podemos arrancar la fase de **análisis**. Omitiremos el procesamiento –normalización, inserción en bases de datos, etc.– por considerarlo no relevante para el objetivo del presente documento. Ahora debemos hacer frente a la pregunta del millón: volviendo al símil de la aguja y el pajar, ¿qué buscamos entre la paja? Tenemos las herramientas correspondientes, pero debemos saber qué mirar para detectar contaminaciones. En este punto, como en cualquier modelo de detección, deberemos trabajar en dos ámbitos: la detección de usos indebidos y la detección de anomalías.

La detección de **usos indebidos** en el correo electrónico, la navegación web y las consultas DNS es relativamente sencilla. Como se suele decir, "cuando lo he visto soy muy listo", y cuando alguien me ha indicado un uso indebido (un dominio dañino, una cuenta de correo utilizada para exfiltrar, un tráfico malicioso...) es muy fácil detectarlo con cualquier herramienta, incluso con un *shellscript* trivial. Por supuesto, esta aproximación es necesaria, pero no suficiente para detectar ataques noveles, exfiltraciones basadas en métodos desconocidos hasta el momento, por lo que deberemos complementarla con la detección de anomalías.

A la hora de trabajar en **detección de anomalías** para la detección de malware avanzado, podemos identificar tres grandes familias de capacidades de detección: la detección estadística univariable, multivariable o de series temporales, que no requiere de un conocimiento previo del entorno, la detección basada en conocimiento (máquinas de estados finitos, sistemas expertos... que disponen de un conocimiento previo) y, finalmente, fuera del ámbito del presente documento (y dicho sea de paso, con algunas dudas fundadas sobre su utilidad), la detección basada en aprendizaje automático, en la que diferentes sistemas (redes neuronales, algoritmos genéticos...) son capaces de aprender, de una u otra forma, qué es anómalo y qué no lo es en un entorno.

Tal y como acabamos de comentar, la detección de usos indebidos es necesaria pero no suficiente; para poder detectar un posible compromiso mediante capacidades SIGINT es imprescindible trabajar en el ámbito de la detección de anomalías: partiendo de la hipótesis obligatoria de que un compromiso será una anomalía, debemos ser capaces de identificar parámetros de normalidad –y anormalidad– en las comunicaciones, tanto para la detección del movimiento externo como para la detección del movimiento lateral. En el presente documento, a modo de anexo, se hace un breve repaso a la detección de anomalías HTTP –cuyos conceptos podrían extenderse a casi cualquier protocolo, con las adaptaciones correspondientes–. Se trata de un pequeño desarrollo de la filosofía de detección de anomalías para la identificación de tráficos dañinos en la navegación web que pretende ampliar ligeramente la referencia a esta técnica que acabamos de hacer en el cuerpo del documento.

6.5. SIGINT: DETECCIÓN DE MOVIMIENTO LATERAL

Hemos indicado anteriormente los objetivos de un malware avanzado en la fase de persistencia, en lo que respecta al movimiento lateral: asegurar la persistencia y adquirir y procesar la información a robar, dejándola lista para la exfiltración, siempre con el máximo sigilo para evitar que la víctima identifique el compromiso. Conociendo estos objetivos, podremos **planificar** las capacidades necesarias para detectar el movimiento lateral del bicho. Necesitaremos datos de posibles movimientos dirigidos al mantenimiento de la persistencia, al robo de información y al intercambio de esta información, ya procesada, entre diferentes máquinas de la organización, antes de ser exfiltrada.

En lo que respecta al mantenimiento de la persistencia y al intercambio de información, las capacidades de **adquisición** irán dirigidas a la identificación de los tráficos que puedan ser susceptibles de ejecutar estos movimientos: desde los mecanismos de comunicación entre procesos de entornos Windows (uso de *named pipes*, por ejemplo) hasta la vigilancia del tráfico SNMP o el uso de *exploits* entre sistemas corporativos. Estas tareas pueden ser abordadas con capacidades NIDS en muchos casos, aunque será necesario complementarlas con capacidades ad hoc para estas amenazas, como identificadores de IPC o HIDS que vigilen ciertos aspectos concretos de los sistemas.

La vigilancia de las fuentes de datos (donde está la información que la amenaza busca) requerirá de una capacidad de adquisición basada principalmente en HIDS (vigilancia de acceso o modificación de ficheros Windows, monitores de registros de bases de datos o sistemas documentales, etc.). No obstante, también se requerirán capacidades de instrumentación, esto es, de modificación de la fuente de datos para vigilar ciertos aspectos internos a los que un HIDS no suele llegar. De esta forma, deberemos plantear la necesidad de ubicar actuadores en bases de datos que se ejecuten ante ciertas condiciones, o incluso de modificar aplicaciones que hacen uso de las fuentes para diferenciar peticiones válidas de no válidas.

Adicionalmente a la instrumentación o a ciertas capacidades de vigilancia HIDS, es muy interesante en la detección de ataques avanzados el uso de sistemas señuelo, de *honeypots*. Se trata de sistemas de vigilancia –de capacidades de obtención de información, para ser exactos– habitualmente simples de desplegar y que, además, proporcionan información extremadamente útil al equipo analista. Algo tan trivial como un *honeytoken* (un fichero señuelo, un registro JFK[3]...) puede ser tanto o más útil que el sistema de vigilancia más complejo que podamos desplegar en nuestra infraestructura.

Una vez adquirida la información anterior, entra en juego el **procesamiento** –de nuevo, no relevante para el objeto del presente documento– y, posteriormente, el **análisis** de los datos obtenidos. Este análisis tiene por objetivo la detección del movimiento lateral de la amenaza, abarcando sus diferentes objetivos, por lo que nuestras acciones deben ir encaminadas a detectar este movimiento, en las mismas líneas que detectábamos el movimiento externo: usos indebidos y detección de anomalías.

Como en el caso anterior, la detección de usos indebidos es relativamente sencilla, al menos conceptualmente (otra cosa es la complejidad derivada de los volúmenes de datos a adquirir, procesar y analizar). Los sistemas NIDS basados en este modelo y el análisis de las alertas generadas por los mismos, con reglas en algunos casos ad hoc, deben ser un buen punto de partida para esta etapa. Y, si complementamos el análisis con el de los registros generados por HIDS en cualquiera de sus ámbitos, tendremos un análisis de los usos indebidos más que aceptable en la mayor parte de ocasiones.

La detección de anomalías es, como siempre, una aproximación más compleja que la anterior. En este sentido, es importante extender las capacidades habituales tanto de la detección en red como de la detección en host con anomalías, de nuevo –y para empezar– estadísticas (¿cuáles son los equipos que más tráfico generan en la red? ¿cuáles son los sistemas que más tráficos generan?...) y, por supuesto, basadas en conocimiento. Como analistas sabemos, por ejemplo, que en el directorio /dev/ de un entorno Unix los ficheros planos o directorios se cuentan con los dedos de

3 Un registro JFK es una entrada que no debe ser accedida, por ejemplo en una base de datos. Se usa en ocasiones en banca, para detectar rastreos del sistema. Debe su nombre a John Fitzgerald Kennedy: si alguien accede al registro es porque JFK está haciendo una transacción... o porque alguien está barriendo o curioseando en la base de datos de clientes.

la mano y están más o menos identificados, por lo que la generación de un fichero plano en este directorio, o en el directorio %systemdrive%\RECYCLER de Windows, es a todas luces anómalo y puede ser un buen sitio para que el malware guarde la información que posteriormente exfiltrará. En definitiva, estamos extendiendo capacidades de detección de intrusiones "clásicas" a la búsqueda de anomalías, estadísticas o directamente basadas en conocimiento.

6.6. TECHINT

Sin duda, una capacidad de detección de posibles compromisos en la organización es el análisis forense de equipos sospechosos o el propio análisis de malware de especímenes identificados. Aparte de aspectos puramente técnicos, este tipo de análisis nos permitirán saber qué información busca el atacante e incluso sospechar del origen mismo de la amenaza: el problema de la atribución que comentábamos en capítulos anteriores.

Las capacidades TECHINT pasan por el análisis de los especímenes de *malware* identificados en la organización. Un paso previo al análisis de malware propiamente dicho suele ser el análisis forense de equipos sospechosos, en busca de evidencias que permitan determinar si el equipo ha sido realmente comprometido y, en caso positivo, extraer el malware del mismo y proceder al análisis de este.

De forma previa a un compromiso, y como ayuda básica para el análisis TECHINT de equipos o especímenes de malware, es necesario que la organización **facilite el análisis** mediante salvaguardas básicas, como la sincronización de relojes, las copias de seguridad o la activación de registros de auditoría, por citar solo unos ejemplos. Estas consideraciones permitirán que el análisis sea más preciso, en especial en lo referente al establecimiento de una línea temporal del ataque, y, si bien la implantación de alguna de ellas puede tener impacto en la organización (activar el modo de auditoría en un sistema operativo o una base de datos impacta desde en su rendimiento hasta en las necesidades de almacenamiento o procesamiento del sistema), la puesta en marcha de otras, como la sincronización de relojes, es trivial y ni siquiera suele requerir de infraestructura adicional; por tanto, debe considerarse necesaria en cualquier entorno.

Aunque existen diferentes aproximaciones y metodologías en la ejecución de análisis forense, este trabajo suele ser un proceso dividido en cuatro grandes etapas, además obviamente de la correspondiente a **planificación** (¿qué queremos saber del sistema?): la **recolección**, que comprende la identificación de fuentes de datos y el análisis de medios –generalmente discos y memoria de los equipos sospechosos–; la **extracción** de los elementos significativos de estos medios para obtener datos; el **análisis** de tales datos para generar información, y, finalmente, la **presentación** de evidencias. Si el proceso de análisis y las evidencias obtenidas determinan un compromiso (esto es, el equipo tiene malware o trazas del mismo), será necesario que, a partir de los datos extraídos previamente, se aísle la muestra de *malware* y se proceda al análisis de este código dañino. Aunque en un análisis forense estándar suele ser necesario clonar la información del equipo sospechoso para trabajar sobre ella, en la práctica, cuando estamos buscando trazas de ataques dirigidos avanzados, es habitual que un equipo sospechoso se retire del uso para ser analizado, proporcionando temporal o definitivamente un equipo de sustitución al usuario y eliminando por completo la información del sistema sospechoso antes de ser reutilizado.

Con la muestra del malware extraída del sistema comprometido, el equipo analista debe proceder a su análisis estático, dinámico y de código (esta capacidad ya se asocia directamente a TECHINT); el primero de estos análisis, el **estático**, abarca las investigaciones realizadas sobre el objeto que contiene el código dañino sin ejecutarlo o desensamblarlo, con el objetivo de identificar posibles hashes, cadenas de texto, marcas de tiempo, dependencias, formatos... que nos ayuden a recopilar información, técnica o no, sobre el malware. Tras este análisis, es necesaria la ejecución de un análisis **dinámico**, de manera que sobre un entorno controlado se pueda estudiar el comportamiento del software malicioso: obtención de información, interacción con el entorno, comunicaciones externas. Para el análisis dinámico de malware deben emplearse, obviamente, entornos de laboratorio, controlados y sin acceso a redes o datos corporativos. Dado que el entorno de pruebas es por norma general virtual (simulando entornos operativos, aplicaciones, electrónica de red...), es necesario destacar que el malware relativamente avanzado es capaz de detectar entornos virtualizados, posibles máquinas de laboratorio, para sospechar que está siendo analizado. Es habitual que en esta situación el malware modifique su comportamiento y, o bien no ejecute acciones relevantes, o bien genere actividades fácilmente detectables, escondiendo su funcionamiento real y tratando de ocultar sus capacidades al analista.

El análisis dinámico de malware se suele realizar en la fase de persistencia, para obtener información de un compromiso, pero también en la fase de intrusión, para detectar ataques a nuestra infraestructura, a través de técnicas de virtualización y *sandboxing* –con las convenientes consideraciones y contramedidas relativas a la detección del entorno virtualizado–. Por ejemplo, y dado que la mayor parte de las intrusiones se realizan a través de *spear phishing*, es posible desplegar una *sandbox* a la que enviar cualquier archivo adjunto a un correo electrónico recibido en la casa. En dicho sistema se desplegarán máquinas virtuales –si lo hacemos bien, que reflejen las configuraciones reales de los sistemas de usuario de la organización– sobre las que se ejecutará el objeto automáticamente (entendiendo por ejecución la propia apertura: se cargará un fichero PDF, se visualizará una imagen...), comprobando posibles cambios sospechosos en la máquina virtual tras la ejecución del objeto: modificaciones al registro, creación de archivos no controlados, conexiones de red... Si se detecta alguna de estas situaciones, el entorno de laboratorio alertará al equipo analista para proceder a una revisión más minuciosa o, si procede, directamente gestionar el incidente.

Por supuesto, enviar todos los adjuntos de los correos entrantes a un entorno de *sandboxing* es un proceso computacionalmente costoso. Por este motivo, es una práctica común realizar un *triage*, muchas veces basado en análisis estático, de los adjuntos, enviando al entorno de *sandboxing* solo los que superen un umbral de sospecha y no analizando en detalle el resto. Naturalmente, podemos perder capacidad de detección, por lo que es necesario analizar el equilibrio entre rendimiento y riesgo asumido, entendiendo qué podemos estar dejando pasar sin detectarlo. Algunas aproximaciones comerciales proporcionan capacidad para ejecutar este análisis en entornos *cloud* del propio proveedor de la solución para detección de *malware*; desde un punto de vista de seguridad, esta no suele ser una buena opción: estamos enviando a dicho proveedor todos nuestros adjuntos para su análisis automático... o para su lectura.

El último análisis que suele realizarse contra el malware avanzado que ha sido localizado en una organización, ya de una manera casi completamente manual, es el **análisis de código**, en el que el analista estudia el código desensamblado del malware, identificando aspectos como el empaquetamiento o la cifrado de datos que ejecuta. Al tratarse de un proceso costoso, suele centrarse en aspectos concretos del malware identificados en fases anteriores.

Algunos ataques avanzados, dirigidos o no, tienen la capacidad de desplegar **agentes durmientes**, sistemas de la organización comprometidos pero que no generarán ningún tipo de actividad significativa durante semanas o meses. Esta aproximación tiene por objeto mantener la persistencia en el caso de que los agentes vivos sean detectados y erradicados. Para detectar agentes durmientes, dado que no generarán tráfico ni lateral ni externo, la principal aproximación efectiva es el análisis del puesto final. En este sentido, es importante hablar de los indicadores de compromiso (IOC), no solo para la detección de agentes durmientes, sino, en general, para la detección de equipos de nuestro entorno que hayan sido comprometidos.

Un **IOC** no es más que un conjunto de evidencias de un compromiso de seguridad identificables en un sistema o en una red, de forma estructurada y normalizada. Estas evidencias pueden ser procesos en memoria, tráficos de red, artefactos, direcciones IP...; en definitiva, cualquier traza que pueda representar un compromiso del entorno. La idea es sencilla: si identificamos un compromiso y realizamos un análisis forense del sistema o sistemas comprometidos y un análisis del código dañino insertado, podemos definir este tipo de indicadores, que recojan de forma normalizada los diferentes indicios que denotan dicho compromiso (ese conjunto de evidencias al que hacíamos referencia). Con estas evidencias normalizadas –el estándar es un archivo XML con una determinada estructura–, definimos el indicador de compromiso, indicador que a partir de ese momento podremos diseminar para que otros verifiquen si han sido comprometidos o usar en nuestra propia organización para determinar qué sistemas pueden haber sido víctimas de la amenaza. Para ello existen herramientas que permiten tanto la definición del IOC como su comprobación automática en los sistemas sospechosos, e incluso se han definido el estándar OpenIOC –al que a continuación haremos referencia– y repositorios públicos de indicadores de compromiso, considerándose este tipo de recursos una fuente de información OSINT relativamente interesante (decimos relativamente porque los ataques realmente dirigidos, que no forman parte de campañas generalistas, rara vez dispondrán de indicadores de compromiso de dominio público).

6.7. OSINT

Las fuentes abiertas suelen ser un excelente punto de partida para el atacante en su fase de reconocimiento, ya que, como hemos indicado, hoy en día es habitual obtener grandes cantidades de información relevante acerca de una organización a través de fuentes públicas.

Lamentablemente, lo más probable es que nuestro atacante no difunda tanta información propia –y útil– como nosotros hacemos, y mucho menos dé a conocer en foros abiertos sus técnicas, intereses o capacidades de robo de información –aunque utilizando fuentes abiertas podemos conocer mucho de dichos atacantes, como veremos más adelante–. No obstante, y aunque como hemos adelantado la vigilancia de entornos no cooperativos rara vez nos dará información directa sobre amenazas avanzadas dirigidas a nuestro entorno o compromisos del mismo por parte de dichas amenazas, suele ser, y de hecho es, una capacidad necesaria para detectar malware menos dirigido, que afecte a un número relevante de organizaciones o sectores, así como también para detectar mutaciones sobre el comportamiento de malware avanzado que podamos tener en nuestra organización.

En este ámbito es importante referenciar iniciativas como OpenIOC, promovida por Mandiant (ahora FireEye), que pretende fomentar el intercambio normalizado de indicadores de compromiso mediante el propio estándar e, igualmente interesante, mediante la disponibilidad de repositorios públicos de indicadores de compromiso. Aunque, como hemos dicho, las amenazas realmente dirigidas rara vez dispondrán de indicadores en estos repositorios –volvemos a la utilidad de las fuentes OSINT para detectar este tipo de compromiso– sí que es interesante para la organización utilizar estos repositorios para detectar posibles amenazas menos dirigidas –pero también dañinas– o, por qué no, para diseminar indicadores de compromisos propios, convenientemente anonimizados. Una iniciativa similar, en este caso de MITRE, es CybOX (*Cyber Observable eXpression*).

Aparte de esta capacidad mediante análisis de fuentes OSINT, que nos permitiría directamente detectar un compromiso en nuestra organización, las fuentes abiertas pueden proporcionarnos información muy significativa para aumentar nuestros niveles de riesgo y, por tanto, nuestras necesidades de vigilancia del entorno propio. La vigilancia de algo tan sencillo como las fuentes abiertas de noticias (cuentas Twitter o páginas web de agencias de noticias y periódicos, por poner un ejemplo) nos alertará de situaciones globales que pueden aumentar nuestro nivel de alerta ante ataques dirigidos o no. No nos proporcionarán obviamente el detalle que nos gustaría de nuestro atacante, pero nos facilitarán informaciones que, conociendo previamente a dicho atacante y sus intereses, pueden incrementar este nivel de alerta. Por ejemplo, si nuestra monitorización identifica un conflicto reciente entre Rusia y Ucrania –algo que podemos detectar sin necesidad de herramientas automáticas, minería o correlación, simplemente viendo la televisión– es de suponer que, si albergamos información interesante para uno u otro país (por ejemplo, información diplomática o de defensa), o simplemente si nuestra organización tiene algún tipo de negocio significativo con alguno de los países en conflicto, alguien tenga interés en nuestra información, por lo que actuará en consecuencia para obtenerla.

También son interesantes las fuentes abiertas para identificar posibles atacantes, sus capacidades, intereses... Hoy en día disponemos de información públicamente disponible sobre servicios de todos los países, datos que en algunos casos hace años podrían costar mucho dinero, incluyendo sus estructuras, organización, presupuestos... Con un análisis de estas fuentes –desde libros a artículos publicados en revistas especializadas o en Internet– podemos determinar, o al menos conocer algo más, quién puede tener interés en nosotros, por qué, sobre qué información, cómo se estructura...; en definitiva, saber cuánto más mejor de posibles atacantes que puedan tener cierto interés en la información que manejamos.

Por último, es recomendable también la vigilancia de fuentes abiertas para conocer nuestro nivel de exposición. El análisis automático o manual de los datos que sobre nosotros están disponibles especialmente en Internet nos debe permitir identificar nuestro grado de exposición a, por ejemplo, un reconocimiento por parte de un potencial atacante. Aunque no se trate de una detección del compromiso propiamente dicha, esta vigilancia sí debe constituir un pilar importante en nuestra protección frente a todo tipo de ataques, incluyendo amenazas persistentes avanzadas.

En definitiva, y como en un texto de seguridad no podía faltar una referencia a Sun Tzu y El arte de la guerra, debemos conocer a nuestro enemigo y conocernos a nosotros mismos, y con este propósito, además del de un conocimiento del entorno en el que trabajamos, las fuentes abiertas proporcionan en muchos casos datos valiosos que, convenientemente analizados, pueden ayudarnos, quizás no directamente a detectar un compromiso, pero sí a saber más de quién nos puede comprometer o cómo puede hacerlo.

6.8. HUMINT

6.8.1. Intercambio de información

La información procedente de fuentes humanas es una herramienta básica para detectar e identificar amenazas persistentes avanzadas que afecten a nuestro entorno. Por este motivo, es especialmente importante el **intercambio de información** entre equipos de seguridad: vivimos en un mundo global, con amenazas globales, difíciles, por no decir imposibles, de combatir de modo individual (estado, empresa, organismo...), por lo que se requieren frentes de colaboración –operativa, táctica...– entre grupos de interés, en especial, y en el ámbito que nos ocupa, en modo de *information sharing*. Requerimos compartir información (no únicamente buscamos diseminar inteligencia, sino también datos en bruto, como hacen, al menos en teoría, algunos servicios como la NSA estadounidense y la ISNU israelí), y compartirla con terceros de interés, con las consideraciones de seguridad –privacidad, protección de fuentes, anonimato...– correspondientes.

La colaboración entre equipos, incluyendo el ámbito del intercambio de información, ha sido siempre un aspecto crítico para la seguridad y muchos así lo han sabido ver. Un excelente ejemplo de esta colaboración, al menos sobre el papel, es la coalición FVEY, como hemos indicado operativa desde los años cuarenta del pasado siglo. No obstante, nos debemos remontar al 11S para empezar a hablar, desde un punto de vista más abierto y oficial, de la colaboración necesaria para hacer frente a amenazas globales. Sin duda alguna, el 11 de septiembre de 2001 supuso el principio del fin de los modelos clásicos de seguridad, protección, inteligencia... y dio lugar a nuevas metodologías, a nuevos conceptos que están marcando –y todo parece indicar que lo seguirán haciendo– las directrices internacionales en estas materias. Tras los fatídicos atentados sucedidos ese día, Estados Unidos conformó una comisión (*National Commision on Terrorist Attacks Upon the United States*, conocida como la comisión 9/11) con el objetivo de determinar qué había fallado para que un ataque de tal magnitud hubiera podido tener éxito y, sobre todo, qué se podría hacer para que hechos similares no volvieran a suceder. Meses más tarde, dicha comisión emitió una serie de recomendaciones de seguridad, algunas de las cuales daban un giro de 180º a las convenciones y directrices existentes hasta ese momento.

La línea principal de estas recomendaciones "revolucionarias" comenzaba a hablar de *information sharing*, de intercambio de información entre agencias de inteligencia, fuerzas de seguridad, ejército, empresas, administraciones públicas..., cualquier actor, en definitiva, que pudiera aportar información útil para la seguridad nacional. Se pasaba del *need to know* establecido tras la II Guerra Mundial al *responsibility to provide*. Aunque siempre ha existido colaboración –permanente o puntual–, hoy en día es público que existen acuerdos de colaboración e intercambio de información entre actores que comparten determinados intereses, al menos en un momento determinado, tanto del ámbito público como del privado y tanto nacionales como internacionales. De hecho, y a modo de ejemplo, desde la publicación del informe anterior, se han conformado en diferentes países anglosajones (USA, UK, AUS...) centros estratégicos de intercambio de información, como los ISAC (*Information Sharing and Analysis Center*) estadounidenses o los WARP (*Warning, Advice and Reporting Point*) británicos, focalizados en el ámbito de la protección de infraestructuras críticas. Igualmente centradas en la provisión, mantenimiento y protección de estas infraestructuras, se han publicado normas como ISO 27010:2012, *Information security management for inter-sector and inter-organizational communications*, relativa en este caso al intercambio de información sensible, tanto en el ámbito público como en el privado, nacional o internacional, entre organizaciones de uno o más sectores relevantes.

Por supuesto, el intercambio de información es muy fácil de describir en un documento, pero más complejo para ser puesto en práctica. Existen problemas identificados –muchos de ellos desde hace años, pero que siguen produciéndose– con relación al intercambio de información o a la cooperación en general entre actores relevantes en seguridad; principalmente se habla de problemas tecnológicos (como la incompatibilidad entre sistemas de información diferentes), humanos (el más importante, la habitual resistencia al cambio), organizativos (el peor, esa cultura de muchas organizaciones de no compartir datos) y sistémicos. Las soluciones teóricas a estos problemas son muy conocidas –pero no por ello implantadas–, y básicamente las podemos resumir en dos: **confianza** (personal e institucional) y **bidireccionalidad** en el intercambio de información (lo que denominamos *do ut des*). Es necesario conseguir estas dos capacidades para salvar los principales escollos del intercambio de información. Por supuesto, la **utilidad** para todas las partes de la información compartida se presupone en el esquema.

Sin duda, la base de un intercambio de información efectivo es el establecimiento de relaciones de confianza entre una amplia variedad de organizaciones, capaces de proporcionar información útil y alerta temprana ante amenazas persistentes avanzadas que se detecten de una u otra forma. Igualmente, es también crítica la adopción de precauciones para garantizar que la información sensible no se disemina de forma inadecuada. Pensemos que, cuando trabajamos en el ámbito de amenazas avanzadas, parte de la información útil para intercambiar puede ser muy sensible, incluso clasificada, con lo que está sujeta a restricciones que regulan su difusión a terceros. Con esta base de confianza, el intercambio debe ser bidireccional entre actores: si uno de ellos se limita a proporcionar información –datos, inteligencia..., lo que corresponda– a otro u otros sin recibir nada a cambio, este intercambio acabará perdiendo toda su utilidad o, incluso, desapareciendo.

6.8.2. HUMINT clandestina

De manera adicional al intercambio regulado de información, para la generación de inteligencia, a la hora de identificar amenazas persistentes avanzadas puede ser interesante considerar la infiltración de personas en grupos para la obtención **HUMINT clandestina**, esto es, sin el conocimiento del tercero que maneja la información. Por supuesto, una posible infiltración en una capacidad APT global, por ejemplo la asociada a un estado, suele estar reservada a otro estado. No obstante, es posible para organizaciones más pequeñas –e incluso para particulares– la infiltración en grupos APT menores, en organizaciones *hacktivistas*, en la competencia empresarial o, más habitualmente, en ambientes *un-*

derground donde se maneja información más asociada al malware avanzado o al *exploiting* que a las necesidades de información de un tercero. La operación de infiltrarse en un grupo de nuestro interés sigue la misma estrategia que una APT, en este caso humana, con su reconocimiento, intrusión y persistencia correspondientes.

Las operaciones HUMINT clásicas son sin duda una actividad destacada en los servicios de todo el mundo, que siempre han tratado, con mejor o peor suerte, de infiltrar a sus agentes en países, zonas, grupos... de interés, y las técnicas, herramientas o procedimientos utilizados son, en algunos casos, incluso públicos. En el ámbito CYBINT se mantienen algunas de las claves de la infiltración clásica, por ejemplo las psicológicas, pero con diferencias muy notables entre ambas aproximaciones. La más importante es, sin duda, la relativa a la seguridad de las personas: mientras que una persona que obtiene información en un país hostil corre un riesgo físico obvio, ese riesgo se reduce a su mínima expresión si dicha adquisición se realiza de forma remota.

Como en cualquier APT, infiltrar a una persona en un grupo de interés tendrá sus correspondientes fases de reconocimiento, intrusión y persistencia, y, dentro de esta última, la adquisición y exfiltración de información. En la etapa de **reconocimiento**, deberemos analizar a nuestro objetivo para conocerlo de manera que podamos identificar dónde está la información que necesitaremos –o quién la maneja–, cuál es la estructura organizativa, cómo opera... y, por supuesto, cuál es la vía de infiltración más apropiada para nuestros intereses (rapidez, persistencia...).

Tras haber analizado nuestro objetivo, debemos **infiltrarnos** en él. Por supuesto, la técnica de intrusión dependerá tanto de nuestro propio objetivo como de los resultados obtenidos en la etapa anterior, en el análisis del mismo. Podemos hablar incluso de una intrusión física (por ejemplo, en el caso de una empresa de nuestra competencia, donde muchas veces una simple entrevista de trabajo o, directamente, la compra de información a un empleado pueden ser el mejor método), pero estas acciones quedan fuera de nuestro ámbito. La intrusión remota, telemática, es la habitual si nuestros objetivos son "virtuales" (por ejemplo, grupos *hacktivistas*, extremistas, *underground*... organizados a través de

Internet). En este caso, debemos aprovechar las capacidades de anonimato que nos proporciona la red –las mismas que proporciona a nuestros atacantes– para conseguir ganarnos la confianza de uno o más miembros.

A la hora de infiltrarse en un objetivo, existen diferentes aproximaciones, cada una con sus pros y sus contras, exactamente igual que sucede en un ataque con origen en una APT. Es factible la infiltración de una persona ajena al objetivo –el ejemplo que hemos indicado antes, de la empresa de nuestra competencia–, pero suele ser más rápido –con sus riesgos– la utilización de una persona que ya está dentro del objetivo. Esta persona puede ser atacada a través de cualquier debilidad (desde las económicas hasta las psicológicas, pasando por las profesionales o, sencillamente, las sexuales). En el apartado correspondiente al riesgo humano de este documento, se profundiza algo más en estos aspectos, entonces desde un punto de vista de detección de las actividades de intrusión en nuestra propia organización.

Una vez infiltrados en nuestro objetivo, comienza, como en cualquier APT, la fase de **persistencia**: ahora tenemos un topo en la víctima –lo que allí denominarán un *insider*– y debe obtener la información de nuestro interés y exfiltrarla. Para mantener la persistencia, es vital seguir siendo considerado uno más de los miembros del grupo y, para ello, de nuevo tenemos los dos principios básicos que posibilitan el intercambio de información, tanto clandestina como no: confianza y bidireccionalidad. Seguramente obtener los datos que nos interesan será un proceso lento –como lo son todas las APT–, en el que incluso debamos facilitar información, que podrá ser negativa o no, en función de nuestra posición en el objetivo, a la víctima para obtener de ella también información relevante. Una vez obtenida la información relativa, podemos decidir finalizar el trabajo y desaparecer –de nuevo, la desaparición "virtual", si hemos tomado las suficientes medidas de seguridad, será sencilla– de nuestro objetivo o permanecer en él por más tiempo. Este activo infiltrado en un grupo *underground*, activista, extremista... nos proporcionará de primera mano una información muy valiosa relativa a las actividades que dicho grupo puede orquestar contra nosotros.

7 | Gestión del incidente

Ya sabemos cómo funciona una amenaza persistente avanzada y, más importante, conocemos algunas de las aproximaciones –seguro que hay más– habituales para su detección; debemos, por tanto, ser capaces de detectar el compromiso por parte de una APT, o al menos de seguir algunas directrices para intentar lograr este objetivo. Imaginemos que lo logramos, que detectamos un compromiso en nuestra organización, ¿qué haríamos en ese momento?, ¿cómo actuaríamos?, ¿a quién acudiríamos a pedir ayuda, si es que la necesitamos? Debemos, en este punto, gestionar el incidente asociado a este compromiso, con consideraciones que en otro tipo de incidentes no son de aplicación: no cometamos el error habitual de considerar a la amenaza como un código dañino, ya que una contaminación de malware se contiene, se erradica... pero unas necesidades de información NO. Dicho de otra forma, tengamos presente que el atacante volverá, antes o después, a buscar la información de su interés que pueda estar bajo nuestro control, y debemos prepararnos para ese momento futuro... o inmediato.

7.1. Introducción

Los códigos de buenas prácticas comúnmente aceptados para la gestión de incidentes, al menos en cuanto a las grandes fases de la gestión, tienen obviamente su reflejo en la gestión de incidentes asociados a APT; no obstante, una amenaza persistente avanzada debe ser gestionada de una manera más amplia que un incidente habitual, ya que por norma se trata de ataques dirigidos con un objetivo muy concreto y que exceden al ámbito puramente técnico. Sin duda, uno de los errores habituales a la hora de gestionar ataques APT es considerar la amenaza exclusivamente como el malware asociado a ella; tal y como se ha indicado, el malware debe considerarse la bomba que el atacante nos arroja, pero para lanzar esa bomba hace falta una infraestructura, unos conocimientos, unas capacidades... que van mucho más allá no solo del propio malware, sino de la tecnología en sí misma. Debemos contemplar un ataque APT como una capacidad de un servicio extranjero, una empresa de nuestra competencia o un grupo organizado, y además de cualquier aspecto técnico a analizar o gestionar durante un incidente asociado a estas amenazas, debemos ser capaces de responder, al menos, las siguientes cuestiones, casi idénticas a las 5W (*Who*, *When*, *What*, *Why* y *How* –el *Where* es menos importante–).

¿Quién?

¿Cuál es el origen de la amenaza? ¿Qué país, grupo, organización... nos está atacando? Aunque por supuesto trabajaremos siempre con hipótesis, dado que es realmente imposible identificar el origen de la amenaza, al menos debemos tratar de acotar con una probabilidad significativa dicho origen. Dicho de otra forma, si identificamos un malware con lenguaje cirílico, que utiliza conexiones RDP con el teclado en ruso y que incluso tiene, en el análisis del espécimen, nombres propios de Europa del Este, estaremos casi seguros de que su origen es Rusia. Por supuesto, podría tratarse de otro país que haya utilizado estas configuraciones para ocultar el verdadero origen de la amenaza, pero este extremo rara vez podremos saberlo.

¿Cuándo?

¿Desde cuándo está el atacante interesado en nosotros... o sencillamente con nosotros? Los ataques APT, por definición, están diseñados para, una vez superada la fase de intrusión, permanecer en su objetivo el mayor tiempo posible (ahí está la P de APT). Identificar aproximadamente la fecha de intrusión nos ayudará a determinar el impacto que nos ha causado el ataque, es decir, desde cuándo estamos contaminados por el malware avanzado ("trufados") y por tanto el atacante nos ha estado robando información. Como casi siempre, deberemos trabajar con hipótesis para acotar esta fecha, ya que será casi imposible determinar con certeza el momento exacto de la intrusión: analizaremos fechas de binarios o contenedores de datos, históricos de conexiones a servidores de exfiltración o C&C, copias de seguridad..., toda la información que podamos obtener y que nos permita determinar de forma aproximada la fecha de intrusión.

También es relevante el análisis del malware para obtener fechas de compilación, librerías, etc. que nos permitan identificar cuándo fue creado un determinado espécimen de malware o, directamente, cuándo se ensambló para introducirlo en nuestra organización. Esto nos ayudará a dibujar el cronograma del ataque, así como a asociar el malware a otras posibles campañas APT que puedan haberse identificado en terceros.

¿Qué?

¿Qué información busca el atacante? ¿Qué información ha podido obtener? Una cuestión obligatoria a la que debemos tratar de dar respuesta en la gestión de un incidente es la identificación de los datos que busca el atacante. Más allá de la información robada, que por supuesto tenemos que identificar, una perspectiva de las APT que vaya más allá del malware puro y duro debe dar respuesta a la pregunta inicial: qué busca el atacante. A partir de los datos que podamos adquirir mediante el análisis de los especímenes identificados en la organización, deberemos determinar no solo qué nos han robado, sino qué nos quieren robar, para dar paso a la siguiente cuestión.

¿Por qué?

¿Por qué le interesa al atacante esa información? Las campañas APT son habitualmente caras y requieren despliegues considerables. Existe, por tanto, un motivo más que justificado para realizar un despliegue así: no buscan cualquier información, buscan determinada información, por un motivo concreto. Por supuesto, la tarea de analizar por qué el atacante busca una información concreta excede y mucho del ámbito exclusivamente técnico, pero es un aspecto que, en la gestión global de incidentes asociados a APT, debemos contemplar de manera obligatoria.

¿Cómo?

¿Qué capacidades tiene el atacante? Las capacidades y el modus operandi del atacante, tanto desde un punto de vista técnico como desde un punto de vista no técnico, es otro de los aspectos clave que deberemos identificar en la gestión de un incidente. En primer lugar, deberemos determinar qué sabe de nosotros y cómo lo sabe, puntos desde luego bastante complejos en la práctica y a los que habitualmente tendremos que responder con hipótesis a las que asignaremos mayor o menor probabilidad. Suele ser algo más sencillo, aunque desde luego tampoco nada fácil, determinar capacidades técnicas mediante análisis COMINT y, especialmente, TECHINT: el análisis forense de los equipos y el análisis del malware utilizado por el atacante nos ayudará a conocer a nuestro enemigo y a determinar su conocimiento, capacidades, etc. desde un punto de vista técnico.

7.2. Consideraciones previas

A la hora de gestionar incidentes asociados a APT, se suele activar un GIR (Grupo de Intervención Rápida) encargado de abordar las fases de respuesta ante incidentes habituales (identificación, contención, erradicación, recuperación). En el caso particular de estas amenazas, la R del GIR no tiene por qué implicar tanta rapidez como en otro tipo de incidentes: pensemos por un momento que estamos haciendo frente a amenazas que, con una alta probabilidad, han permanecido junto a nosotros meses o incluso años. Aspectos críticos en otro tipo de incidentes de seguridad, como el tiempo real o la rapidez de la intervención, aquí pierden parcialmente su sentido; interesa erradicar el incidente cuanto antes, por supuesto, pero la diferencia entre hacerlo hoy o dentro de dos semanas no suele existir: todo el daño que nos haya hecho el atacante estará sin duda materializado ya.

En la gestión de incidentes asociados a APT, el equipo encargado del trabajo NO debe intercambiar información con la organización afectada a través de mecanismos que puedan ser interceptados por un tercero malintencionado: no se utilizará el correo electrónico, así como tampoco se utilizarán los recursos tecnológicos de la propia organización afectada para adquirir o analizar datos relativos a cualquier aspecto de seguridad. La conexión con Internet se realizará en todo momento a través de medios ajenos a la organización (habitualmente, conexiones 3G) y, en caso de requerir intercambio de información en papel, únicamente se utilizarán impresoras conectadas localmente a sistemas del GIR.

Todo el catálogo de anomalías y usos indebidos asociados a APT, tanto para detección de comunicaciones laterales como para detección de comunicaciones con servidores C&C, debe considerarse información sensible; solo podrá facilitarse a un tercero previa autorización explícita correspondiente en cada caso, y siempre bajo la premisa del *need to know*. Así mismo, cualquier nueva anomalía o uso indebido identificado en la gestión de una APT deberá incorporarse a este catálogo: es responsabilidad del Jefe de Activación del GIR garantizar la mejora continua del proceso de gestión de incidentes asociado a APT.

7.3. Preparación

Siempre que sea posible dentro del ciclo de vida de la gestión de incidentes, el equipo de gestión debe abordar, en la fase de preparación, la monitorización del entorno, para prevenir la presencia de APT en las diferentes etapas del ciclo de vida expuestas con anterioridad.

Algo crítico en cualquier entorno es el control de la navegación web –una de las principales vías, seguramente la principal, de exfiltración– mediante proxies correctamente configurados. Es una condición obligatoria, y así debe transmitirse a cualquier organización que no disponga de este control. Adicionalmente, siempre que sea posible, la organización deberá implantar mecanismos de lista blanca para navegación web.

Para detectar comunicación con servidores C&C, el GIR debe ser capaz de aportar los siguientes **mecanismos de detección** a la organización cliente:

- Detección de anomalías y usos indebidos en tráfico HTTP/HTTPS.
- Detección de anomalías y usos indebidos en tráfico DNS.
- Detección de anomalías y usos indebidos en tráfico SMTP.
- Detección de usos indebidos en otros tráficos de red mediante despliegue NIDS.

Para detectar movimientos laterales de la APT, el GIR debe ser capaz de aportar los siguientes mecanismos a la organización cliente:

- Detección de *named pipes* anómalas.
- Detección de *mailslots* anómalos.
- Detección de anomalías en tráfico SMB/Netbios mediante sockets.
- Detección de usos indebidos RDP.
- Detección de usos indebidos relativos a la explotación de vulnerabilidades mediante despliegue NIDS.

Los mecanismos anteriores deberán ser entrenados, validados y mejorados en la etapa de preparación del GIR siempre que técnicamente sea posible. En la fase de respuesta pura al incidente, el GIR deberá configurarlos y personalizarlos para cada amenaza y organización afectada concretas, tratando de identificar nuevas situaciones, protocolos, mecanismos... utilizados por una APT e incorporarlos así al conocimiento del equipo en la materia.

Finalmente, para abordar la gestión del incidente, el GIR debe aportar los siguientes **recursos materiales** en cada intervención:

- Equipos portátiles para el trabajo habitual de los miembros del GIR, con el disco cifrado o al menos con volúmenes cifrados donde almacenar cualquier información relativa al incidente.
- Dispositivos de conexión a Internet a través de 3G, 4G o equivalentes.
- Discos duros externos para almacenamiento temporal de evidencias.
- Medios externos (habitualmente, DVD) para almacenamiento permanente de evidencias.
- Dispositivos extraíbles para intercambio de información entre miembros del equipo o con el personal de la organización afectada.
- Sondas de monitorización, para la detección temprana de anomalías o usos indebidos en el entorno de la organización.

7.4. Respuesta

Habitualmente se requerirá la actuación de un GIR en la etapa que hemos denominado de persistencia: la organización ha sido comprometida, de una u otra forma se ha detectado el compromiso, y se requiere al GIR para corregir esta situación y devolver a la organización a un estado de seguridad aceptable. En esta fase de respuesta deben abordarse las tareas descritas a continuación:

En primer lugar, y como actividad previa, el GIR debe mantener una reunión de trabajo con personal de la organización afectada por la APT, en la que dicho personal aporte el mayor número de datos en relación a:

- Comportamiento general de la amenaza: comunicación externa, comunicación lateral, etc.
- Alcance del ataque, identificando –en el ámbito de la información que se pueda transmitir– la información exfiltrada, los entornos comprometidos y los usuarios objeto del ataque dirigido.

- Impacto en el servicio de la organización, desde diferentes puntos de vista (técnico, reputacional...).
- Cualquier información adicional que la organización o el GIR considere relevante para la gestión del incidente, en especial la relativa a las respuestas planteadas al inicio de este capítulo.

Adicionalmente, dado que un mismo equipo de analistas participará en la respuesta a incidentes en múltiples organizaciones, desconocido el detalle de muchas de ellas hasta el momento de la respuesta, en esta reunión inicial o en una reunión alternativa, quizás con otras personas pero igualmente en las fases tempranas de la respuesta al incidente, debe obtenerse información técnica útil para desplegar de forma ágil salvaguardas de contención o vigilancia. En esta reunión deben abordarse aspectos técnicos de la organización relativos a posibles capacidades de movimiento externo o lateral de la amenaza, para lo que el equipo analista debe obtener la siguiente información del personal de la organización contaminada:

- Identificación de vías de salida a Internet.
    - HTTP. Presencia de proxy de navegación.
    - DNS. Servidores DNS.
    - SMTP. Servidores MTA.
    - Tecnologías y registros disponibles en cada caso: adquisición.
    - Servicios cloud: almacenamiento, correo electrónico...
    - Posibles excepciones al registro y control.
    - Otros tráficos. Bloqueo o justificación.
- Identificación de vías de entrada.
    - Direccionamientos públicos.
    - Zona DMZ. Visibilidad desde Internet: *webmail*, VPN...
    - Análisis de vulnerabilidades en servicios públicamente disponibles.
    - Registros de servicios públicamente disponibles: adquisición y análisis.

- Arquitectura de red interna.
    - Segmentación. Visibilidad entre segmentos.
    - Tecnologías implicadas.
- Controles de seguridad desplegados y operativos.
    - Control de parches y vulnerabilidades. Actualización de sistemas.
    - Antivirus.
    - Controles de acceso a la red, NAC o similar.

Esta reunión o reuniones iniciales y la información en ellas transmitida al GIR deben servir como base e idea general de la amenaza a la que el equipo debe enfrentarse en las sucesivas etapas expuestas en este procedimiento.

Es necesario destacar que una premisa del equipo de intervención es la discreción: estamos en las fases tempranas de la gestión del incidente, y tenemos delante de nosotros a un atacante avanzado; no sabemos a ciencia cierta ni sus intereses, ni sus capacidades, ni el alcance del compromiso, por lo que, igual que no utilizamos las infraestructuras del entorno comprometido –no nos conectamos de forma directa a la red, no enviamos correo electrónico a las direcciones de la organización...–, debemos ser especialmente cuidadosos en el despliegue de capacidades de adquisición, procesamiento y análisis. Siempre que sea posible debemos recurrir a las capacidades menos intrusivas, por ejemplo a la adquisición pasiva o con una mínima modificación de los entornos de la víctima; igualmente, evitaremos ejecutar tareas asociadas al procesamiento de información o a su análisis en los equipos de la organización, ya que, insistimos, el alcance del ataque es desconocido para el equipo de intervención. No debemos llamar la atención de los atacantes modificando parámetros de servidores –al menos, los que puedan considerarse relevantes para la seguridad–, bastionando equipos si nunca lo hemos hecho o activando el modo auditoría en una base de datos de interés para el atacante si no lo tenemos en ninguna otra, por poner solo unos ejemplos. Insistimos: discreción, aunque, como siempre, estas recomendaciones son generalistas y, por supuesto, existirán casos en los que deban adaptarse a la gestión de un incidente particular.

7.4.1. Identificación

Para responder adecuadamente a una APT, es necesario conocer cómo se comporta, para lo que se requerirá, en la mayor parte de casos, un análisis forense del malware. Dicho análisis deberá ser realizado en primera instancia, bien por el GIR bien por un tercero, y tendrá por objeto obtener toda la información posible de la amenaza y su impacto en la organización; en particular:

- Command & Control:
    - Identificación de servidores C2.
    - Identificación de mecanismos de comunicación.
- Movimientos laterales:
    - Mecanismos de intrusión y adquisición de datos.
    - Usuarios afectados.
    - Servidores afectados.
    - Bases de datos afectadas.
- Exfiltración.
    - Identificación de servidores de exfiltración.
    - Identificación de mecanismos de exfiltración.
    - Identificación de la información exfiltrada.
- Origen de la amenaza.

El GIR debe mantener una reunión de trabajo con el equipo técnico de la organización afectada, a fin de determinar cualquier detalle significativo para la gestión del incidente, en especial en los términos identificados previamente al hablar de análisis forense.

Los aspectos propios de la amenaza que se está gestionando deben ser incorporados a las capacidades de detección aportadas por el GIR a la organización, con objeto de facilitar etapas posteriores de la respuesta al incidente.

Durante la etapa de identificación, el GIR debe determinar la conveniencia y/o posibilidad de tomar el control de sistemas C&C; en caso positivo, la información recopilada de los mismos debe considerarse en el esquema de detección a desplegar en la organización.

7.4.2. Contención

A la hora de contener el incidente asociado a un ataque APT, surge, como casi en cualquier tipo de incidente, la posibilidad de contener el incidente de forma inmediata y la posibilidad denominada habitualmente *Watch & Learn*: mirar y aprender. En función del rol que ocupemos, deberemos abordar una u otra estrategia. Como analistas de seguridad, deseamos obtener el máximo de información de la amenaza (la respuesta lo más precisa posible a las preguntas planteadas con anterioridad), aspecto que, si no lo hemos abordado por completo en la fase de identificación, puede ser crítico para el futuro, ya que podemos ignorar factores clave de nuestro atacante y sus actividades; por ello, parece que la estrategia más apropiada puede ser *watch & learn*, aprender el máximo para protegernos en el futuro. Por el contrario, si somos los afectados por el ataque, seguramente nos decantaremos por la contención inmediata, principalmente para evitar que el atacante siga robándonos información y recuperar el entorno lo antes posible. Por supuesto, cada estrategia tiene sus pros y sus contras, aunque desde un punto de vista de inteligencia será más interesante la primera, la que nos permita obtener el máximo de información y por tanto nos facilite la respuesta a las preguntas planteadas al inicio.

En cualquier caso, cuando abordemos la contención efectiva de una amenaza persistente avanzada, esta debe realizarse de forma inicial cortando los dos flujos de intercambio de información ya referenciados: la comunicación con sistemas externos (C2 o recolectores de información exfiltrada) y el movimiento lateral del malware dentro de la organización para adquirir información sensible.

La comunicación con sistemas exteriores para exfiltrar información o recibir órdenes debe considerase prioritaria en la detección, incluso por encima de la contención de movimientos laterales. Para detectar y contener las comunicaciones con el exterior, es necesario identificar en primera instancia las vías de comunicación que la organización tiene habilitadas con Internet. Las más habituales serán, como se ha indicado, la correspondiente al tráfico HTTP/HTTPS, la correspondiente al tráfico DNS, esta no de forma directa desde los equipos de usuario sino a través de los servidores de nombres internos a la organización, y la correspondiente al tráfico SMTP.

Todo el tráfico de navegación debe ser controlado a través de proxies corporativos de forma previa a la etapa de persistencia. El GIR analizará los registros de tales proxies en busca de anomalías o usos indebidos, tanto genéricos como asociados al malware concreto que se esté conteniendo. De esta forma se determinarán, tanto los equipos potencialmente contaminados en la organización, como servidores C&C adicionales a los identificados previamente, bloqueando las comunicaciones con los mismos y alimentando el catálogo de usos indebidos.

Para detectar y contener la comunicación lateral del malware es necesario analizar el tráfico interno, generalmente SMB/NetBIOS, en busca de patrones de anomalía o usos indebidos. Deben abordarse al menos los frentes expuestos con anterioridad, los más usados habitualmente por APT, parametrizando las capacidades de detección aportadas por el GIR, mejorándolas y bloqueando cualquier anomalía detectada en el menor tiempo posible. Así, para abordar la etapa de contención, deben desplegarse los mecanismos de detección y bloqueo, mejorados de forma continua durante la fase de preparación y convenientemente configurados y personalizados con la información obtenida durante la etapa de identificación.

Todo equipo identificado como comprometido, o sospechoso de serlo, debe ser intervenido de forma inmediata, desconectándolo del entorno productivo y realizando sobre él un análisis forense en busca de información TECHINT relativa a la amenaza. La organización deberá sustituir los equipos intervenidos a sus usuarios.

Para contener la amenaza de forma efectiva, el GIR debe incorporar a las capacidades de detección y contención estándar aquellas derivadas del análisis forense realizado en la etapa de identificación de la amenaza, especialmente en lo referente a usos indebidos identificados durante el análisis.

7.4.3. Erradicación

Para cada equipo, servidor o de usuario, que presente signos de compromiso, el GIR aborda un análisis FCFA (*First Cut Forensic Analysis*) para determinar si la probabilidad de compromiso es relevante o, por el contrario, se trata de un falso positivo. Este análisis inicial comprende la revisión de los aspectos de un sistema sospechoso identificados en las instrucciones técnicas de trabajo correspondientes.

Si tras el análisis *first cut* existen indicios de compromiso, se procede al volcado de datos para análisis forense en caso de considerarse necesario (a través de diferentes tipos de imágenes, desde un dd hasta un Redline, en función de las herramientas disponibles en cada situación) y a su posterior reinstalación completa, incluyendo formateo. Esta tarea será abordada por equipos auxiliares al Grupo de Intervención y no debe presentar ningún tipo de excepción.

7.4.4. Recuperación

Tras la hipotética erradicación de la amenaza, el GIR debe activar mecanismos de registro adicionales a los habituales con objeto de incrementar las capacidades de detección en las siguientes líneas:

- Capacidades adicionales sobre los sistemas afectados por la APT, con objeto de verificar que no son víctima de un nuevo ataque similar al gestionado. Se debe vigilar especialmente, tanto la posibilidad de que el sistema sea destino u origen de un movimiento lateral, como la posibilidad de que el sistema exfiltre información o comunique con servidores C&C, mediante análisis de tráfico HTTP especialmente.
- Capacidades adicionales sobre el entorno de trabajo, con objeto de verificar que la organización no vuelve a sufrir en su conjunto un ataque similar al gestionado.

7.5. Lecciones aprendidas

Para cada incidente gestionado, el GIR debe abordar la fase de lecciones aprendidas, común en el ciclo de vida de la gestión de incidentes; deben considerarse especialmente las posibles respuestas a las preguntas planteadas al inicio de este apartado, ya que, insistimos de nuevo, no debemos cometer el error de considerar una APT como un incidente asociado puramente a malware, sino que debemos plantear este tipo de amenazas como la capacidad de una organización de hacernos daño, capacidad que irá variando y mejorando con el tiempo.

El equipo de gestión de incidentes debe generar un **informe de actuación** que recopile todos los datos relativos a la gestión, las acciones emprendidas en cada etapa de la respuesta, las conclusiones obtenidas y, en especial, las directrices de mejora a abordar para que incidentes similares no vuelvan a producirse o, si se producen, su impacto sea menor para la organización. El informe debe seguir las etapas del ciclo de gestión de incidentes, proporcionando todos los detalles del proceso seguido en cada una de ellas y haciendo hincapié en las posibilidades de mejora que podrían ser de aplicación. Por supuesto, debe tratar de dar respuesta a las preguntas iniciales asociadas a la amenaza: las 5W a las que hemos hecho referencia.

Aunque la estructura concreta y la información a reflejar en un informe de actuación podrán variar entre diferentes equipos analistas, al menos debe contemplarse la siguiente información:

- Clasificación del informe.
- Datos de registro: identificación única, *timestamps* de activación...
- Identificación del responsable de gestión del incidente (preferentemente, con TIP o similar).
- Resumen ejecutivo.
- Datos generales del incidente:
    - Descripción.
    - Causas.
    - Catalizadores.
    - Impacto en la organización.

    - Bitácora de la gestión del incidente.
    - Relaciones con eventos de seguridad registrados en la organización.
- Resumen de la resolución del incidente:
    - Acciones ejecutadas, identificando responsables si es necesario.
    - Notificaciones realizadas, tanto internas a la organización como externas.
    - Fecha y hora de cierre del incidente.
- Análisis posterior:
    - Costes asociados al incidente.
    - Relaciones con otros incidentes en la organización.
    - Directrices de actuación.
- Opciones de mejora:
    - Identificación de controles.
    - Planificación de la implantación.
    - Responsables.
    - Verificación de controles.

De la anterior estructura –propuesta, no impuesta–, son especialmente relevantes dos apartados: el **resumen ejecutivo**, dirigido a la toma de decisiones y satisfacción de necesidades de información, y las **opciones de mejora**. Estas últimas identificarán qué debe hacer la organización para mejorar sus capacidades de detección y respuesta ante ataques asociados a amenazas persistentes avanzadas. Las opciones de mejora deben marcar tareas con responsables unívocos –con nombre y apellidos o TIP– y fechas de cierre de las mismas, así como responsabilidades de la verificación de que dichas tareas han sido abordadas satisfactoriamente y la protección ante APT se ha incrementado de manera real.

Adicionalmente, y para garantizar la mejora continua, como parte del ciclo de mejora continua, todas las condiciones de anomalía y/o usos indebidos identificadas durante la gestión del incidente y no catalogadas con anterioridad deberán ser incluidas en el catálogo de detección de APT del equipo de gestión de incidentes.

7.6. Ejemplo práctico

Imaginemos el siguiente escenario: una organización, de tamaño mediano o grande, ha recibido información de una fuente humana que le indica el compromiso por parte de una APT, asociado a la cual se ha introducido un malware avanzado en la infraestructura tecnológica de la víctima. La fuente ha facilitado la relación de servidores de exfiltración y C&C identificados hasta el momento, con los que el malware se comunica a través de HTTP simulando navegaciones web legítimas, y a todas luces la persistencia del atacante en la organización es elevada.

¿Cómo abordaríamos la gestión del incidente? Se presentan a continuación algunas pautas generales para dicha gestión.

En primer lugar, en la fase de **identificación**, sin duda el equipo analista debe revisar los registros de navegación para verificar si existe realmente –no olvidemos que la información proviene de una fuente humana... que puede equivocarse– algún tipo de comunicación con los servidores de mando y control o de exfiltración. Por supuesto, para poder realizar el análisis de registros, una condición obvia es disponer de dichos registros: la organización debe tener un proxy de navegación o, en su defecto, haber desplegado capacidades pasivas de adquisición HTTP.

Con esta primera revisión se obtendrá la relación inicial de sistemas comprometidos (todos los que hayan generado algún tráfico contra los servidores dañinos) e, igual de importante, se podrán identificar características de los tráficos externos, tanto de exfiltración como de C&C: los analistas deben determinar posibles anomalías (métodos, tipos...) asociadas al malware que ha comprometido la organización, con el objetivo de identificar nuevos servidores dañinos adicionales a la relación inicial que nos ha proporcionado nuestra fuente humana; pensemos que esa fuente, igual que podía equivocarse, puede tener una información sesgada del compromiso, o simplemente no habernos trasladado todo lo que sabía, con lo que es muy interesante determinar si podemos ampliar la lista inicial de servidores dañinos (y, colateralmente, la de equipos internos comprometidos).

Con esta relación, ya cuasi definitiva, de equipos comprometidos y servidores dañinos, el equipo analista puede intervenir un equipo interno de los que han generado tráficos asociados al ataque, esto es, que han comunicado con servidores de mando y control o de exfiltración. Habitualmente se intervendrá un único equipo, desconectándolo de la red, volcando su memoria y obteniendo una imagen del disco duro, para posteriormente proceder a su eliminación (por norma, formateo). No se intervienen todos los equipos comprometidos porque no debemos (aún) dar indicios al atacante que le hagan sospechar que hemos descubierto el compromiso, ya que esto le permitiría modificar el comportamiento del malware en cualquier sentido.

El análisis forense del equipo intervenido nos permitirá modelar el malware y obtener los artefactos asociados a este, analizándolos igualmente en un entorno controlado para identificar mecanismos de persistencia, de comunicación lateral, de cifrado... e incluso intereses y capacidades de nuestro atacante. Esta inteligencia técnica nos debe facilitar la vigilancia del entorno tecnológico –especialmente pasiva, para no denotar nuestras acciones a los atacantes–, focalizada en el comportamiento de la amenaza, para tratar de identificar nuevas anomalías o usos indebidos en dicho entorno que puedan estar igualmente asociados al ataque.

Una vez cubierta la etapa de identificación, es decir, una vez que conocemos todo lo que podemos conocer –en un tiempo acotado– de nuestra amenaza, comienza la **respuesta** pura, con la contención, erradicación y recuperación ante el incidente. Esta respuesta implicará el corte de comunicaciones de la organización con los servidores dañinos externos mediante la configuración de los sistemas de seguridad perimetral, así como la monitorización especial de cualquier intento de comunicación con estos: no solo bloqueamos, garantizando que la comunicación no se produce, sino que además monitorizamos, detectando los intentos de movimiento externo de la amenaza.

Por supuesto, en esta respuesta, y en paralelo al corte de comunicaciones, se hace necesaria la intervención de los equipos comprometidos por el atacante; es necesario su apagado y sustitución, bajo ningún concepto su reutilización "eliminando el malware". Seguramente será interesante obtener imágenes de memoria y disco de todos los equipos, para determinar la presencia de posibles mutaciones del malware, pero en cualquier caso, tras la adquisición de dichas imágenes, se debe proceder al formateado y reinstalación de los equipos o, directamente, a su sustitución por otros.

Con las actuaciones marcadas hasta el momento, en líneas generales, podemos dar por gestionado en primera instancia el incidente. En este punto es muy importante el mantenimiento en la organización comprometida del mayor número de capacidades de vigilancia posible, ya que, tal y como hemos insistido a lo largo de este documento, hemos erradicado un malware, no unos intereses de un tercero en nuestra información, y ese tercero volverá antes o después.

La gestión de todo incidente lleva aparejadas, de forma obligatoria, unas **lecciones aprendidas**. Más allá de los análisis de la intervención, reflejados en sus correspondientes informes, de las medidas aplicadas, de la valoración de salvaguardas e intervenciones y demás iniciativas, es especialmente interesante responder a las preguntas que hemos planteado al principio de este apartado: quién, cómo, cuándo, qué, por qué, cuándo.

Estas respuestas vendrán determinadas por los análisis realizados durante la gestión del incidente, en especial en la etapa inicial de identificación, y deberán permitir a la organización protegerse mejor frente a los atacantes, conociendo sus capacidades, intereses, técnicas... Insistimos, el atacante volverá, por lo que debemos estar preparados.

Se muestra a continuación una tabla resumen de las principales iniciativas que debemos abordar en cada una de las etapas de la gestión de este ejemplo práctico que hemos planteado, y que pueden extenderse sin dificultad a la gestión general de los incidentes asociados a compromisos por parte de APT.

Etapas	Iniciativas	Análisis
Identificación	Análisis de los registros de conexión a C&C (proxy)	La organización debe disponer de proxy; en caso contrario será necesaria una adquisición pasiva.
	Identificación de características de la exfiltración	Determinación de las posibles anomalías (métodos, tipos, etc.) asociadas al malware. Identificación de nuevos servidores dañinos.
	Identificación de equipos comprometidos	¿Quién ha generado tráficos contra servidores dañinos?
	Análisis de un equipo comprometido (forense y artefactos)	Identificación de mecanismos de persistencia, comunicación lateral, etc. del malware.
	Despliegue de capacidades de vigilancia pasivas	¿Qué hemos aprendido de nuestro análisis previo?
Respuesta	Corte y monitorización de comunicaciones con servidores externos	Elementos de seguridad perimetral.
	Intervención de equipos comprometidos	Adquisición de medios, apagado y sustitución.
Lecciones aprendidas	Análisis de los equipos	Análisis forense. Análisis de artefactos.
	Vigilancia del entorno comprometido	Nuevas reglas de anomalía, listas negras, mutaciones, etc.
	General	Capacidades de identificación. Despliegue de salvaguardas. Evaluación de salvaguardas. Valoración general.

8 Otra vuelta de tuerca

8.1. Sabotaje

Hasta ahora, tal y como hemos indicado al principio de este documento, nos hemos focalizado en el ámbito de las amenazas persistentes avanzadas orientadas al robo de información, al ciberespionaje en cualquiera de sus facetas. No obstante, hemos hablado de APT como Stuxnet, cuyo objetivo no era robar información de sus víctimas, sino sencillamente el sabotaje de sus procesos –en este caso, el correspondiente al enriquecimiento de uranio con fines nucleares–. Este tipo de amenazas no son las más habituales –al menos que hayan salido a la luz– y, por lo avanzado de sus capacidades, su orquestación debe estar a priori reservada exclusivamente a estados.

Casos como Stuxnet sobrepasan el espionaje puro, en cuanto a robo de información, y llegan a lo que podríamos llamar guerra, terrorismo en algunos casos –no entraremos ahora en la polémica– o, simplemente, sabotaje, todos estos términos con o sin el prefijo *ciber*. Estas acciones nos asustan a todos los niveles, más incluso que las asociadas a operaciones de interceptación de comunicaciones, ya que cuando alguien sabotea un entorno de esta índole, que controla procesos industriales, sus consecuencias dejan de ser virtuales para pasar a ser físicas: desde desastres industriales a pérdida de competitividad, pasando por supuesto por impacto en la vida de las personas. Pensemos sencillamente en cómo nos afectaría un corte de luz total en nuestra ciudad, un bloqueo de los semáforos o la apertura no controlada de las compuertas de una presa, por poner unos ejemplos. Si una amenaza fuera capaz de lograr estos objetivos, evidentemente, nos preocuparía más que el "simple" robo de información entre estados o empresas.

Sin duda, estos escenarios pueden parecer irreales –y de hecho lo son de momento, por fortuna–, o incluso catastrofistas. A fin de cuentas, no se ha producido hasta la fecha, o al menos no se conoce, ninguna acción similar que afecte a la sociedad en general, ni como actividad terrorista ni en el marco de un conflicto bélico. Pero tampoco antes del 11-S se había producido un ataque similar al que ocurrió ese día, ni antes de Stuxnet se había descubierto una amenaza con esas capacidades. A priori, las amenazas persistentes avanzadas cuyo fin sea el sabotaje se deberían poder contar con los dedos de la mano por diferentes motivos, empezando por su complejidad técnica y continuando por su dificultad de amortización, y estarían reservadas para grandes conflictos internacionales en los que España no está inmersa ahora mismo ni es previsible que lo esté a corto plazo.

No obstante, sin llegar a amenazas tan complejas como Stuxnet, es más, ni siquiera hablando de APT, sino de ataques con metodologías más tradicionales, realmente sí sería posible para un grupo de atacantes organizados orquestar ataques dirigidos contra diferentes infraestructuras críticas de un país: algunos entornos de control, desde cámaras de seguridad a sistemas de control industrial, están sencillamente conectados a Internet. Aunque previsiblemente los grandes sistemas críticos estarán protegidos, sí que hay muchos sistemas de control en esta situación de inseguridad, por lo que un ataque remoto contra ellos tendría, como decíamos, consecuencias que podrían llegar a traspasar el ámbito *ciber* para llegar al mundo físico. Según diferentes fuentes, en la actualidad ningún grupo terrorista identificado dispone de capacidades para estas acciones de ciberterrorismo, aunque quizás esta afirmación será falsa en un determinado momento.

8.2. Redes aisladas

Un error muy habitual a la hora de hablar de amenazas persistentes avanzadas es la convicción de que los movimientos externos solo se producen a través de Internet, por lo que las redes clasificadas, o simplemente aisladas, no son vulnerables a la exfiltración de datos. Nada más lejos de la realidad; recordemos a quién nos enfrentamos: estados o grupos organizados, en cualquier caso, atacantes con muchos recursos, mucho tiempo y mucho conocimiento para lograr su objetivo.

Si estuviéramos en la piel del atacante, ¿cómo intentaríamos enviar información al exterior desde una red aislada de Internet? Deberíamos plantearnos qué posibles vías de salida existen, teniendo en cuenta tanto las técnicas como las no técnicas: desde la exfiltración humana hasta la exfiltración a través de imágenes obtenidas de una pantalla, pasando por la exfiltración a través de impresoras o incluso por capacidades más llamativas, como la exfiltración por emisiones de radio o la transmisión a redes de salto mediante protocolos PAN, como *bluetooth*. En [19] se establecen algunos de los principales mecanismos utilizados para la exfiltración de redes aisladas, *air-gapped networks*:

- Acceso físico. Mecanismos que implican el acceso físico de un atacante, desde la ubicación de dispositivos de almacenamiento USB hasta el visionado directo de la información.
- Insiders. Mecanismos basados en la violación deliberada de políticas de seguridad por parte de personal de la organización, como la extracción de información de forma voluntaria en dispositivos de almacenamiento o de una impresora.
- Radiofrecuencia. Captura de las emanaciones radioeléctricas de los dispositivos electrónicos (EMINT).
- Comunicaciones inalámbricas. Uso de protocolos como Bluetooth o WiFi para el envío de datos a dispositivos no conectados físicamente a la red aislada.

- Tarjetas de sonido. Uso de la tarjeta de sonido para comunicarse y enviar información a otros equipos fuera de la red aislada.
- Otros dispositivos, como los desarrollados por diferentes servicios de inteligencia y que incluyen circuitería de exfiltración desplegada mediante violación de la cadena de suministro.

Algunas de las vías de exfiltración anteriores pueden ser utilizadas a la inversa, para introducir datos espurios en redes aisladas, esto es, para la fase de intrusión de una APT; de hecho, amenazas como Stuxnet lograron comprometer redes aisladas mediante, en este caso, acceso físico (y dispositivos USB). Recordemos que, al estar las redes de control industrial habitualmente aisladas, si diseñáramos un ataque contra ellas, al igual que Stuxnet, deberíamos "cruzar" el *air-gap*, es decir, llegar hasta ellas sin una conectividad TCP estándar.

Algunas redes aisladas no clasificadas disponen de zonas frontera o aduana en las que existe una conexión a redes de propósito general, habitualmente para un conjunto de equipos muy reducido y especialmente controlado. En las redes clasificadas esta aduana suele ser un equipo al que coloquialmente se denomina diodo y que controla el tráfico entre zonas de distinta clasificación, rompiendo para ello el protocolo TCP/IP en una de las redes, transmitiendo la información por el diodo y volviendo a reconstruir este protocolo en la red destino. Por supuesto, estas zonas de frontera, sean las que sean en cada caso, deben ser especialmente vigiladas para identificar cualquier posible vía de robo de datos pero, tal y como hemos descrito, no son las únicas.

8.3. La amenaza humana

Insistimos de nuevo: el peor error que podemos cometer a la hora de hacer frente a una amenaza persistente avanzada es considerar esta como una simple pieza de malware, avanzado o no, y no como la capacidad global de un tercero para robarnos información. Si no caemos en este error, podremos hablar de la exfiltración humana como una de las principales vías de robo de datos, seguramente por encima de cualquier protocolo de red o cualquier otra vía tecnológica. Muchas veces nos preocupamos por la intrusión o la exfiltración técnica, vigilamos la entrada y salida de datos desde o hacia redes no confiables, desplegamos sensores... y, como tenemos todo tan controlado, para el atacante es más fácil "convencer" a una persona para que se lleve la información que robarla mediante tecnología pura.

Estamos hablando de ataques dirigidos, probablemente con un origen en terceros con recursos e interés en nosotros, por lo que no es de extrañar que en un momento determinado el atacante se plantee utilizar a personas de nuestra organización para robarnos información. A fin de cuentas, puede resultar incluso más barato pagar a alguien interno para que facilite ciertos datos a un tercero que analizar a la víctima, comprar un 0-day, infiltrarse en el objetivo, persistir en él...; en definitiva, el camino más corto puede ser el soborno, el chantaje o actividades equivalentes hacia el personal de nuestra organización.

Las personas, voluntaria o involuntariamente, constituyen una vía de entrada de amenazas, una vía de persistencia y, por supuesto, una vía de salida de información (lo que se conoce por exfiltración humana). Es posible que el atacante utilice a una persona de nuestra organización para infiltrarse en nuestro entorno (por supuesto, hablamos de una colaboración voluntaria, que es la que nos ocupa ahora, no de la que se produce involuntariamente al caer en un *spear phishing*, por ejemplo), ofreciéndole a cambio cualquier tipo de compensación. Es más, si esa compensación vale la pena para el *insider*, este se encargará de mantener la persistencia en nuestra organización, no solo de la intrusión inicial, con lo que el problema es aún mayor. Por supuesto, las compensaciones a este tipo de atacantes no tienen por qué ser exclusivamente económicas (religiosas, sexuales, políticas...), y el atacante puede recurrir, como indicábamos antes, a amenazas de cualquier tipo: chantaje, extorsión...

Obviamente, tener a un topo en nuestra casa es una situación indeseable. Por el motivo que corresponda, esta persona trabajará para el atacante, facilitándole la información de la que disponga y que pueda ser de interés para él y permaneciendo activo o durmiente durante largos periodos de tiempo. En este caso, es una persona la que sustituye al malware en la amenaza persistente avanzada. Hemos visto como tratar de identificar una contaminación de malware en la organización pero, ¿cómo detectar la amenaza humana? Para identificar un posible *insider,* debemos tratar de realizar una monitorización de personas, siempre en los marcos legales correspondientes, determinando así el **riesgo humano** de nuestra organización.

La vigilancia del riesgo humano o la monitorización de personas son habitualmente temas muy delicados desde muchos puntos de vista. Con las consideraciones que correspondan y hablando estrictamente de seguridad, debemos recordar que las personas pueden introducir riesgos muy elevados en cualquier organización, riesgos que interesa identificar y por supuesto mitigar. El paso previo al tratamiento de riesgos es, como siempre, su análisis, y para analizar estos riesgos debemos ser capaces de determinar amenazas, probabilidades e impactos que pueden causar las personas de la organización, lo que habitualmente denominamos *insiders*.

La identificación de las amenazas derivadas del factor humano son claras: todas las englobadas bajo el paraguas de amenazas corporativas (errores), las derivadas de actividades sociales (accidentes) y las derivadas de actividades antisociales (delitos). En este último apartado es donde podríamos ubicar, en el contexto de inteligencia que estamos manejando en el presente documento, a los *insiders* más preocupantes. Igualmente, la estimación de impactos asociados a estas amenazas también suelen estar más o menos clara, y estará –con toda probabilidad– en la parte más alta de la escala que queramos utilizar en nuestro análisis: el *insider* nos puede causar un daño enorme. Siendo así, teniendo más o menos claras las amenazas y los impactos derivados del riesgo humano, ¿dónde está entonces lo que más nos interesa? En la medida de la probabilidad, como casi siempre.

Para analizar probabilidades a la hora de hablar del riesgo humano, una aproximación muy interesante es la presentada en [41]. La idea resumida y simplificada es que cualquier persona está modelizada por una serie de perfiles que la definen, perfiles afectados además por una serie de condiciones de contorno (relaciones, privilegios, motivaciones...) y de eventos externos o internos a la organización que pueden provocar cambios sustanciales en el perfil de una persona (un cambio de estado civil, un ERE, la muerte de un familiar...). Si somos capaces de vigilar esto de una u otra forma, seremos capaces de estimar probabilidades y, por tanto, de identificar posibles riesgos derivados de las personas de la organización.

Ilustración 1.
Perfiles de modelización de personas para identificación del riesgo humano

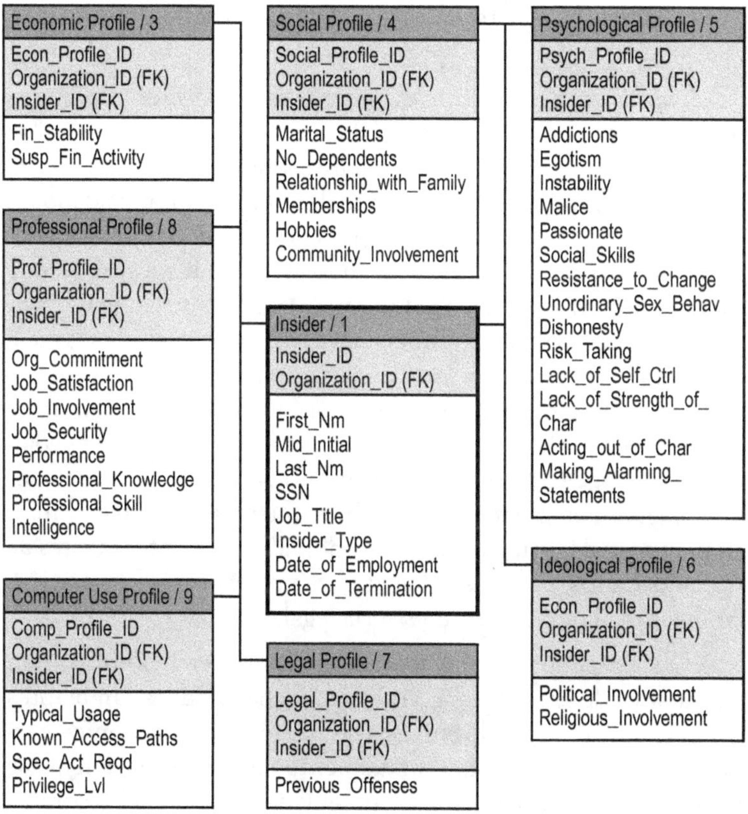

¿Cuáles son los perfiles que definen a las personas? Según el trabajo anterior, son los siguientes:

- Perfil económico (estabilidad, actividades sospechosas...).
- Perfil social (estado civil, personas dependientes, hobbies...).
- Perfil psicológico (adicciones, comportamientos anómalos, falta de carácter...).
- Perfil profesional (inteligencia, satisfacción, implicación, reconocimiento...).
- Perfil legal (antecedentes penales, procesos pendientes, sanciones...).
- Perfil ideológico (implicaciones políticas, religiosas...).
- Perfil de uso de recursos tecnológicos (horarios, tecnologías, intereses...).

Si somos capaces entonces de crear estos perfiles y, lo que es más importante, de monitorizarlos en el tiempo para detectar cambios sustanciales que puedan introducir riesgos en nuestra organización (por cambios de probabilidad), habremos dado un paso importante para reducir los riesgos derivados de la amenaza humana. ¿Cómo monitorizar todo esto? Lo ideal sería, como siempre, hacerlo de forma automática, con sensores que nos avisaran en tiempo real de cambios potencialmente peligrosos en la modelización de una persona. Para empezar, esto no es siempre posible (¿cómo diseñamos un sensor que detecte comentarios sospechosos durante la hora del café o rasgos faciales que puedan implicar falta de interés o cansancio?) y, cuando lo es, no suele ser fácil; seguramente para ciertos estados puede ser trivial controlar en tiempo real las transacciones económicas o los antecedentes de sus ciudadanos, pero desde luego, para una organización particular, ni es fácil ni muchas veces sería legal.

¿Qué hacer entonces? Mientras trabajamos en monitorización automática de personas para calcular probabilidades cambiantes que puedan aumentar los niveles de riesgo, podemos conformarnos al menos con realizar manualmente una modelización de las personas de nuestra organización, teniendo en cuenta los perfiles anteriores –u otros cualesquiera que nos sean útiles– y con las consideraciones legales oportunas. A partir de esta modelización y del análisis posterior, seguramente no hará falta ser psicólogo para darnos cuenta de posibles riesgos (en cualquiera de los ámbitos de la seguridad, desde un *insider* a un riesgo reputacional, aunque en nuestro contexto nos interesará más el primero) que pueden existir derivados de las personas, y por supuesto, cuando identifiquemos un nivel de riesgo no asumible, una amenaza que puede materializarse, deberemos tomar medidas –aplicar controles– contra el mismo.

8.4. Amenazas volátiles

Los equipos que conforman las capacidades APT de un estado o una organización trabajan ya en el malware avanzado que no instala software en el disco: se trata de malware volátil, que trabaja en memoria RAM. Aunque los virus residentes son tan antiguos como los virus en sí, a este tipo de ataques ahora los denominamos AVT (*Advanced Volatile Threat*), de nuevo haciendo muchas veces referencia exclusiva al malware asociado a la amenaza real (malware que por otro lado puede ser avanzado o no: herramientas tan comunes como *meterpreter* funcionan en memoria, por defecto, por lo que pueden ser utilizadas en un ataque volátil).

Aunque el objetivo de este tipo de malware sea el mismo que el del malware asociado a amenazas persistentes avanzadas, su comportamiento es completamente diferente: una APT puede permanecer en la organización meses o años, buscando, procesando y exfiltrando la información que el atacante requiere, mientras que un malware volátil permanecerá con nosotros un día, o quizás menos, seguramente hasta que el usuario contaminado apague su equipo al final de la jornada –que confiemos en que así sea– o incluso antes de que esto suceda. Por tanto, el atacante no dispondrá de tanto tiempo para buscar los datos que le interesan y moverse a placer por la infraestructura comprometida como en el caso del malware persistente; tendrá que actuar mucho más ágilmente, dando el golpe, robando la información que requiere y desapareciendo de la infraestructura.

Desde el punto de vista del atacante, la mayor ventaja de un malware volátil es obvia: para el equipo analista "cazar" un malware de este tipo será mucho más complicado que hacer lo propio con un malware persistente, con lo que el atacante incrementa sus posibilidades de, aparte de no ser detectado, que si lo es no se llegue a analizar el artefacto y, por lo tanto, no se descubran sus capacidades de ataque, el origen de la amenaza, etc. Por el contrario, como desventajas de este tipo de malware, destaquemos la rapidez con la que debe actuar el atacante en el objetivo (insistimos, plazos menores a un día); así, o conoce el entorno y sabe perfectamente la información que debe obtener y exfiltrar, o exfiltrará datos y datos –quizás, con algún filtro de búsqueda– para ser procesados en destino. Una vía de detección para amenazas avanzadas volátiles es el uso de señuelos en los sistemas relevantes, aquellos que con mayor probabilidad puedan ser comprometidos por una AVT, así como el análisis de las comunicaciones de este tipo de amenazas, tanto laterales como externas, casi en tiempo real.

Dentro de las amenazas volátiles, una vuelta de tuerca adicional –recordemos que estábamos ya en la primera vuelta– puede ser el mantenimiento de la persistencia mediante malware volátil, almacenado exclusivamente en memoria. ¿Cómo? Una aproximación interesante es ser el control de equipos encendidos en la organización, de manera que, de forma distribuida o centralizada, dicho control permita tener siempre equipos activos comprometidos por la amenaza. Cuando uno de ellos se apaga –o se baja de un umbral de equipos activos, por ejemplo–, el resto o un maestro de todos ellos es capaz de detectar esta situación y comprometer más máquinas de la víctima hasta alcanzar de nuevo el mínimo necesario para estar tranquilos, esto es, para persistir.

8.5. Amenazas en firmware

Otro movimiento interesante de los atacantes es el descenso en la pila para ubicar el malware que tratará de robar información. Se ha pasado de niveles superiores, como el de aplicación, a niveles propios del sistema operativo, núcleo incluido, y el siguiente descenso ya llega al firmware de los sistemas: hoy en día se puede incluir directamente el software malicioso en los circuitos integrados de cualquier dispositivo, desde un ordenador hasta un pendrive.

En 1998 el virus Chernobyl (CIH), además de escribir datos aleatorios en el disco duro, destruyendo tabla de particiones y zonas de datos, inyectaba también información inservible en la memoria flash de la BIOS de ciertos entornos (procesadores Pentium y placa compatible con chipset Intel 430TX), destruyéndola y dejando el equipo inservible hasta el cambio del chip machacado; fue uno de los primeros artefactos que afectaba al firmware, en este caso destruyéndolo, pero que también podría haber infectado la BIOS con instrucciones para la persistencia o el robo de información.

La intrusión es, como en el caso de CIH, técnicamente posible, así como también lo es la persistencia, tanto por una infección fortuita dirigida al usuario como por una contaminación en origen. Al permanecer un malware en BIOS, su funcionamiento puede ser independiente del sistema operativo, aplicaciones, etc. que haya por encima de esta capa hardware, y difícil de detectar incluso en el *endpoint*. Es una capacidad sofisticada muy interesante para los atacantes con los recursos y el interés suficientes en un determinado objetivo.

Pero no todos los dispositivos tienen una BIOS propiamente dicha. Imaginemos algo tan sencillo como un pendrive y su firmware, o un disco duro, o cualquier dispositivo interesante para un atacante. Si ese atacante tiene la capacidad para troyanizar (para "trufar") el dispositivo de una u otra forma, lo hará, bien en el propio firmware, bien en las aplicaciones base que en muchos casos acompañan al dispositivo (utilidades de cifrado, particionado, limpieza...). Así, cuando vayamos al próximo congreso de seguridad y uno de los patrocinadores regale pendrives –o cigarrillos electrónicos, o cualquier cosa que se conecte a un puerto USB–, asustémonos: si fuera un atacante, esos pendrives le permitirían comprometer a todo un sector como el de la seguridad. Es más, si el dispositivo incorpora capacidades de seguridad (típicamente, cifrado mediante aplicaciones ya empotradas en él), asustémonos más aún: el atacante no solo sabe que puede comprometer a todo el sector, sino que directamente en su dispositivo se almacenarán datos sensibles. Para eso ciframos. Si todo lo anterior no es suficiente, recordemos dónde se fabrican la mayor parte esos pendrives que nos regalan en la actualidad.

La preocupación por el malware incluido en la propia circuitería de los sistemas es creciente, ya que este tipo de software malicioso podría evitar incluso controles propios del núcleo del sistema operativo. Esta situación es negativa para los países encargados del desarrollo de sistemas operativos y software base, ya que les hace perder el control tecnológico actual a favor de otras potencias que son las que están produciendo y ensamblando ahora mismo los componentes físicos de los sistemas.

8.6. Malware en dispositivos móviles

Cada día más, manejamos información sensible en nuestros dispositivos móviles: desde transacciones económicas realizadas desde un móvil hasta manejo de informes con información relevante en tabletas, incluso en muchos casos sin las medidas de seguridad básicas que exigimos a ordenadores "convencionales" (estos dispositivos móviles también son ordenadores, aunque muchos no lo parezcan), como antivirus o firewall. Por este motivo, no es de extrañar que se diseñen campañas APT que tienen como objetivos los dispositivos móviles de los usuarios, campañas muchas veces potenciadas por el excesivo grado de permisibilidad que otorgamos a las aplicaciones para sistemas operativos móviles.

La detección de malware avanzado vía SIGINT en dispositivos móviles con comunicación no controlada por la organización tiene un problema de base: la adquisición de datos. Cuando utilizamos la conexión de datos de nuestro teléfono inteligente o nuestra tableta, habitualmente (hay forma para evitarlo) no pasamos por ningún proxy corporativo, ni los equipos analistas de seguridad de nuestra organización tienen la capacidad de revisar nuestros registros DNS. Es la operadora de comunicaciones la que a priori se encarga de esto, y conseguir que nos ceda los datos en ocasiones no es sencillo, aunque en otros casos simplemente es una cuestión de dinero: por supuesto, existen mecanismos proporcionados por las propias operadoras móviles para centralizar la información de, por ejemplo, navegación y obtener así el repositorio inicial para el análisis de datos, pero el acceso a estas capacidades no suelen ser una norma casi en ningún tipo de organización. Además, debemos tener en cuenta las vulnerabilidades en los protocolos de datos móviles que puedan permitir a un atacante la interceptación directa de nuestras comunicaciones, más difícil aún de identificar, y en este caso sin malware avanzado como tal.

Además de la problemática anterior, pensemos en la cercanía de muchos operadores de telecomunicaciones (France Telecom, British Telecom...) con servicios de diferentes países (DGSE, GCHQ...): si nuestro operador es de este tipo –casi todos lo son– y nuestro atacante es un grupo asociado a un servicio del país del cual es originario el proveedor de datos, antes de proporcionarnos la información de navegación, DNS, correo electrónico... de nuestros dispositivos móviles, la operadora podrá eliminar aquellos que puedan ser significativos para la identificación de un movimiento externo de amenazas de estos servicios o grupos.

De forma adicional a la comunicación de datos en estos dispositivos, tenemos la dificultad añadida de la exfiltración a través de protocolos de telefonía puros (aparte de la posibilidad existente de intervenir comunicaciones de este tipo de protocolos). Un dispositivo móvil habitual suele disponer de la posibilidad de uso de una comunicación de datos –una conexión a Internet– o una comunicación de voz, por lo que sería posible el diseño de malware que enviara información a través de cualquiera de estas vías.

Con la dificultad asociada a SIGINT que acabamos de comentar, para detectar dispositivos móviles contaminados, debemos recurrir habitualmente a TECHINT y en concreto al análisis forense de dispositivos sospechosos. Estos análisis son cada vez más habituales –no solo por temas de ataques APT– y la proliferación de herramientas y capacidades de análisis en los últimos años ha sido muy alta en plataformas como iOS o Android, por poner los dos ejemplos más representativos.

8.7. Esteganografía

Hemos hablado, en el apartado dedicado a los ficheros portadores, de la exfiltración –o indistintamente, del mando y control– mediante la transmisión de archivos y la ocultación de información en los mismos. Hemos visto técnicas sencillas para ocultar esta información, sin abordar uno de los que aparentemente ya es –o lo será a corto plazo– uno de los grandes quebraderos de cabeza de los equipos analistas: el uso de capacidades esteganográficas para robar datos. Veamos un ejemplo: en noviembre de 2014 se publicaba un artículo ([29]) en el que se ponían a prueba diferentes productos para la detección de amenazas persistentes avanzadas y en el que se indicaba que ninguno de ellos había sido capaz de detectar una amenaza concreta, diseñada *ad hoc* para el estudio. Posteriormente, ya en diciembre, se liberaba el detalle de esa amenaza "indetectable" y se desvelaba el uso que el malware (BABO) hacía de la esteganografía para ocultar datos en imágenes; ninguno de los cinco productos analizados –no se sabe cuáles, pero teóricamente punteros *a priori*– fue capaz de detectar este espécimen.

Es pública la existencia de malware utilizado en campañas APT que aplica, desde hace tiempo, técnicas esteganográficas para comunicarse con servidores externos, en especial para la exfiltración de datos. La dificultad para detectar el contenido escondido en estos ficheros portadores –generalmente imágenes o archivos de audio o vídeo, aunque puede utilizarse casi cualquier formato de archivo– es sin duda una ventaja increíble para los atacantes.

Detectar estas comunicaciones no es, como decimos, sencillo. Generalmente, el analista debe enfrentarse a la detección basándose únicamente en objetos adquiridos de la infraestructura tecnológica (por ejemplo, ficheros enviados por mail, subidos a servidores a través de HTTP o simplemente ubicados en sistemas de la organización), desconociendo tanto las técnicas esteganográficas que puede utilizar el atacante como, por supuesto, los archivos originales sobre los que se han aplicado estas. Dicho de otra forma, si se exfiltra información camuflada en una imagen, difícilmente se dispondrá de la imagen original, sin datos ocultos, para poder comparar ambas. Adicionalmente, pensemos en que muchos de los objetos a analizar serán adquiridos mediante capacidades pasivas –escuchando y reconstruyendo el tráfico de la red–, con los problemas que eso implica (pérdida de paquetes, incapacidad para la reconstrucción completa, etc.).

Con este panorama, existen iniciativas orientadas a la detección de ciertas técnicas esteganográficas conocidas en algunos formatos de archivo concretos –como hemos dicho, habitualmente ficheros multimedia–, así como técnicas estadísticas que pueden hacer sospechar al analista la presencia de contenido oculto en los objetos analizados, por ejemplo a partir de parámetros como la entropía de dichos objetos, pero en cualquier caso su eficiencia es muy mejorable, dado lo limitado de estas aproximaciones –tampoco las hay mejores– y las grandes posibilidades del atacante para ocultar información.

Para finalizar, y rematar este escenario desolador, es necesario un apunte: estamos hablando en todo momento de esteganografía técnica. Si entramos al ámbito de la esteganografía lingüística, la detección se complica aún más, al menos trabajando en inteligencia de comunicaciones: si con la colaboración de un *insider* o sin ella se transmite información camuflada en códigos abiertos, por poner solo un ejemplo, su detección supera, con una alta probabilidad, cualquier capacidad tecnológica para la detección del compromiso por parte de amenazas persistentes avanzadas.

8.8. Exfiltración multicast

Demos otra vuelta de tuerca adicional: pensemos en movimiento externo –más concretamente, y para verlo más claro, en exfiltración– sin el uso de servidores de exfiltración. Por supuesto, hablamos de movimientos a través de la salida a Internet de una organización, no de exfiltración en redes aisladas. ¿Cómo podríamos robar información con estas premisas?

Como sucede siempre en seguridad, los atacantes van por delante de los defensores; y, si como atacantes sabemos que una de las cosas que más vigilará el equipo analista de nuestra víctima es el tráfico en la entrada/salida a Internet para buscar anomalías –por ejemplo, en HTTP, SMTP y DNS–, tenemos que evitar a toda costa generar estas anomalías. Ya hemos hablado con anterioridad del movimiento externo sin tráfico saliente como una alternativa válida. ¿Y ahora? Si queremos evitar que alguien analice los flujos de información en busca de patrones de movimiento externo, podríamos tratar de eliminar directamente la generación de tales flujos.

¿Cómo podemos eliminar la generación de flujos en los tráficos salientes que puedan ser analizados, por ejemplo con la aproximación que hemos seguido en este documento, y por tanto ser detectados? Seguro que existen muchas aproximaciones, y una de ellas es un modelo de exfiltración que podríamos denominar *multicast*, o directamente *broadcast*, una transmisión de información desde la víctima a muchos destinos... o a todos. Pensémoslo: en lugar de utilizar servidores externos concretos –contra los que se generarían los famosos flujos de datos a analizar en busca de anomalías– lastramos ciertas comunicaciones con el exterior con la información a exfiltrar. Cuando salen los datos, en algún punto intermedio antes de llegar a su destino, se revisa cada paquete en busca de la información lastrada –robada– y, en caso de encontrarla, se extrae del tráfico y se reenvían las tramas "limpias".

Imaginemos que somos un país con capacidades de interceptación de las comunicaciones nacionales, incluyendo las entrantes de otros países (por supuesto, algo muy difícil, si no imposible, de imaginar). Si fuera así, podríamos diseñar un malware que, una vez en su objetivo, identificara los paquetes de red que vengan dirigidos hacia nuestro país –tráficos legítimos, por supuesto– y en cada uno de ellos añadiera discretamente cierta información robada. Al llegar a la infraestructura nacional, y recordando esas hipotéticas capacidades de interceptación, se podrían seleccionar los paquetes que llegasen lastrados y, por ejemplo, en grandes *routers* troncales convenientemente implantados, extraer ese lastre y entregarlos limpios a su destino.

Capacidades como la descrita aquí están al alcance de muy pocos. En primer lugar, es necesario el control de electrónica de red que podríamos denominar troncal, en mayor o menor medida, para, mediante un firmware convenientemente modificado, separar los datos útiles de la información exfiltrada y enviar cada uno a su destino. Además, habría que hacerlo de forma muy discreta, tanto para evitar ser detectados por el proveedor de comunicaciones –al menos si dicho proveedor no está en el juego– como por parte de la propia víctima; en esta, habría que lastrar –por ejemplo con un driver del propio sistema operativo– los paquetes que salen hacia Internet, al menos los que van dirigidos a ciertos sitios. Sin duda, incluso analizado sin entrar mucho al detalle, algo realmente complicado.

¿Cuál es el gran problema de esta aproximación? Aparte de las capacidades técnicas necesarias para su ejecución, es posible que otros países o grupos, que hayan identificado nuestra aproximación, hagan lo propio en su tecnología de red, antes de llegar a los entornos controlados por nosotros, con los datos exfiltrados a un tercero.

9 | Conclusiones

Las amenazas persistentes avanzadas son procesos dañinos orquestados por gobiernos, estados, grupos organizados, empresas..., en definitiva, de actores atacantes con muchos recursos (económicos, humanos, materiales...), mucho conocimiento y, lo más peligroso, mucho interés en sus víctimas –para ser exactos, en la información que estas manejan–. La capacidad dañina comprende, por supuesto, el malware utilizado para el robo de información, pero también aspectos puramente de inteligencia o que, al menos exceden con mucho el ámbito técnico. Recordemos el símil del bombardero y la bomba que indicábamos al principio, y hagamos referencia al término **CYBINT** que también introducíamos y que suele basarse, principalmente, en SIGINT/COMINT, HUMINT, TECHINT y OSINT. La actividad de la amenaza se engloba en un ámbito de inteligencia, en especial de adquisición de información, y de esta forma debemos entenderla, detectarla y neutralizarla.

Ser víctima de una amenaza persistente avanzada es sencillo: basta con manejar información que pueda interesar a un tercero con recursos por su interés político, militar... o simplemente comercial. ¿Quién puede serlo? Cualquier organización, pública o privada, que maneje información política, financiera, tecnológica avanzada, militar, diplomática, geográfica, de seguridad, energética... En definitiva, muchas de las empresas u organismos en los que trabajamos pueden ser víctima de una amenaza persistente avanzada, por uno u otro motivo, con lo que insistimos: es muy fácil ser el objetivo de una amenaza. Y, muy probablemente, esa amenaza tendrá detrás a un estado o a un grupo que quizás está apoyado por un estado; son los actores principales del panorama, ya que disponen de capacidades y de interés.

Por supuesto, defenderse del ataque de la amenaza no es tan sencillo como convertirse en su víctima o, al menos, en su objetivo. Pensemos en las capacidades de nuestros atacantes y a esas capacidades unámosle un aspecto muy significativo: la persistencia. El objetivo de la amenaza es persistir en el robo de información cuanto más tiempo mejor, lo que implica garantizar que la organización, en el tiempo, permanece contaminada sin ser detectada, por lo que el malware desplegado será lo más sigiloso posible: un atacante que entre en nuestra red, borre todos los servidores e inutilice los elementos de comunicaciones nos podrá hacer mucho daño, pero desde luego no es una APT. Este malware sigiloso, avanzado o no, se moverá lateralmente por la red comprometida para adquirir y procesar la información de interés, y se comunicará con el exterior para enviar la información robada –exfiltración– o para recibir órdenes de los servidores de mando y control, C2. Todo ello de manera discreta, sin llamar la atención de un equipo de defensa o análisis, para garantizarse el mayor nivel de persistencia en la víctima.

Con este objetivo de persistencia, detectar una APT que haya comprometido nuestro entorno es complejo. Muchas veces las formas realmente eficaces pasan por aproximaciones HUMINT, mucho más que las capacidades técnicas de vigilancia, pero lo que queda claro es que detectar, identificar y gestionar adecuadamente amenazas avanzadas debe ser una actividad planificada y ejecutada en múltiples frentes, desde los técnicos (SIGINT o TECHINT) hasta los no técnicos, como HUMINT. Debemos aplicar una filosofía de contrainteligencia y trabajar en esos múltiples frentes para detectar el compromiso y, a partir de dicha detección, gestionar adecuadamente el incidente sufrido en cada caso.

A la hora de hablar de la gestión del incidente, debemos evitar en especial el error más común cuando hablamos de APT: considerar a la amenaza como un malware. La APT no es un código dañino, ni avanzado ni no avanzado, sino una capacidad, y como capacidad debemos afrontarla y gestionar el incidente asociado a un compromiso. El malware se erradica, las necesidades de información de la amenaza no, por lo que debemos tener claro que el atacante volverá y debemos estar preparados para esa vuelta, desplegando capacidades de vigilancia y respuesta suficientes para convertirnos en un objetivo "duro" para la amenaza. Dicho de otra forma: no le hagamos fácil su trabajo.

Las amenazas persistentes avanzadas son un problema actual y no parece que dicho problema se vaya a resolver con el tiempo, sino todo lo contrario: la actividad dañina de las amenazas parece ir a más, convirtiéndose cada vez en más sofisticadas y buscando nuevos vectores de ataque y nuevos mecanismos de persistencia. Y es que los atacantes siempre van un paso por delante de los defensores, y, por mucho que estos hagan bien su trabajo, los primeros tienen las de ganar, antes o después. Tenemos que prepararnos para lo peor, con una filosofía clara: **ya están dentro**. No es una hipótesis, una posibilidad, sino que debemos considerarlo como un hecho para comenzar a trabajar en la detección del compromiso. Y además, con consideraciones que suponen otra vuelta de tuerca a lo que sabemos en la actualidad y que serán un problema a corto o medio plazo –o incluso ya lo son, aunque no lo sepamos.

10 | Anexo: Anomalías HTTP

10.1. Resumen

El tráfico HTTP –o equivalentemente HTTPS–, el tráfico web, es uno de los mecanismos de exfiltración más utilizado por las amenazas dirigidas que tratan de robar datos, además de constituir el esquema de C&C por excelencia. Estos tráficos de salida estarán casi siempre permitidos en la organización, sus registros –si los hay– serán muy voluminosos y, por tanto, un atacante lo tiene fácil para ejecutar y camuflar comunicaciones con servidores C&C o de exfiltración. Si a partir de los registros de navegación generados somos capaces de inferir anomalías, podremos llegar a detectar estos tráficos maliciosos y, por tanto, identificar amenazas activas en nuestro entorno y responder ante ellas adecuadamente.

10.2. Introducción: Detección de anomalías

En 1980 James P. Anderson publicaba el informe técnico *Computer security threat monitoring and surveillance* ([35]), considerado el primer artículo público sobre detección de intrusos y donde ya hablaba, en cierta forma, de la detección de anomalías. Siete años más tarde, ya en 1987, Dorothy E. Denning publicaba *An Intrusion-Detection Model* ([36]), donde identificaba por primera vez la detección de anomalías como un mecanismo válido para detectar intrusiones en sistemas informáticos. La hipótesis planteada es muy sencilla: un ataque (por ejemplo una intrusión o una exfiltración) implicará un uso anormal del entorno, por lo que, si somos capaces de modelar la normalidad y detectar lo anormal, seremos capaces de detectar ataques.

Han pasado unos treinta años desde entonces, y a día de hoy seguimos hablando de la detección de anomalías para identificar ataques de todo tipo, con una bibliografía inmensa sobre la materia, pero, mientras que la detección de anomalías ha proporcionado excelentes resultados en otros campos, en el ámbito de la detección de intrusos no parece haber proporcionado lo que se esperaba de ella. Y es que realmente nos enfrentamos a dos problemas muy complejos.

El primero de ellos es el modelado de la normalidad. En la práctica resulta difícil identificar los parámetros que permiten dicho modelado y, por supuesto, acotar los valores de "normalidad" estimados; el número de estos parámetros es quizás demasiado grande y su modelado demasiado complejo para generar información valiosa –inteligencia– a partir de un volumen de datos considerable.

El segundo gran problema de la detección de intrusos basada en anomalías es justamente la hipótesis a la que hacíamos referencia, la que implica que un ataque es una anomalía, expuesta por Denning en un entorno muy acotado y que actualmente extrapolamos alegremente a complejos sistemas interconectados, con protocolos que hace treinta años ni existían. ¿Se puede asociar realmente un ataque a una anomalía, o un ataque especialmente diseñado para pasar desapercibido no se podrá identificar como actividad anómala en la práctica? No entraremos en ese debate, interesante, pero, a la vista de los resultados reales de la detección de intrusos basada en anomalías, es algo que debemos, cuanto menos, plantearnos.

Problemas metafísicos aparte, frente a la detección de usos indebidos, extendida en entornos NIDS de todo tipo, la detección de anomalías tiene a priori una enorme virtud: la capacidad de detectar ataques no identificados hasta el momento. Cuando alguien nos informa de un método de ataque detectado, dándonos todos sus detalles técnicos –o al menos los más relevantes–, con los sistemas habituales de detección es relativamente sencillo detectar si estamos siendo víctimas de este ataque; estamos aplicando detección de intrusos basada en usos indebidos: alguien nos ha dado los suficientes detalles de un ataque para construir un modelo de detección (por ejemplo, una regla de un sistema experto) que, si se cumple, es un patrón de ataque claro –falsos positivos aparte–. Pero este mecanismo no va a funcionar con amenazas avanzadas, dirigidas específicamente contra nosotros (les llamaremos APT, a pesar de lo manido de estas siglas, y sabiendo que mediante análisis de anomalías identificaremos en todo caso el malware avanzado asociado a la APT, no la capacidad como tal) y cuyo objetivo principal será probablemente pasar lo más desapercibidas posible. ¿Para qué? Para seguir robándonos información sin que las detectemos. Ante estas amenazas, la detección de usos indebidos se ha mostrado ineficiente, por lo que, a falta de alternativas mejores, debemos tratar de identificarlas mediante la detección de anomalías.

10.3. Anomalías HTTP

Parece claro que la detección de anomalías es un método a considerar a la hora de hablar de detección de exfiltraciones, pero, ¿por qué hablar de detección de anomalías HTTP? La respuesta es obvia: se trata –junto con HTTPS, su primo hermano– del protocolo más utilizado, tanto para exfiltrar información como para comunicarse con servidores C&C. Realmente un atacante podría exfiltrar información por casi cualquier protocolo, desde DNS a ICMP, pasando por IRC, protocolos P2P o incluso SSH, pero el que casi seguro que estará permitido en cualquier sistema de seguridad perimetral será HTTP; dicho de otra forma, si un malware exfiltra a través de HTTP, podrá hacerlo y sobre todo podrá pasar desapercibido, mientras que, si exfiltra por UUCP, las probabilidades de no llegar a los servidores de exfiltración o de que se detecte rápidamente el ataque son más que considerables. Así, nuestro objetivo y para lo que trataremos de determinar patrones de anomalía será detectar exfiltraciones o comunicaciones con sistemas C&C, para lo que debemos identificar, por un lado, dominios (servidores externos) dañinos y, por otro, equipos internos contaminados por malware –y si somos capaces de detectar malware dirigido, mejor que mejor.

Como es habitual al trabajar en detección de anomalías, en el caso del tráfico HTTP podemos identificar tres grandes familias de capacidades de detección (un buen resumen de ellas, con sus pros y contras asociados, puede encontrarse en [37]): la detección estadística univariable, multivariable o de series temporales, que no requiere de un conocimiento previo del entorno; la detección basada en conocimiento (máquinas de estados finitos, sistemas expertos..., que disponen de un conocimiento previo), y, finalmente, fuera del ámbito del presente documento, la detección basada en aprendizaje automático, en la que diferentes sistemas (redes neuronales, algoritmos genéticos...) son capaces de aprender, de una u otra forma, qué es anómalo y qué no lo es en un entorno. Veremos más adelante algunas aproximaciones prácticas de las dos primeras familias a las que acabamos de hacer referencia.

Para ser capaces de detectar anomalías en el tráfico HTTP, debemos, en primer lugar, ser capaces de adquirir de forma centralizada toda la información asociada a la navegación de nuestros sistemas; hablando claro: necesitamos un proxy que registre los datos de conexiones HTTP que se producen desde nuestra organización hacia Internet. Este elemento es clave en el proceso de análisis de anomalías, ya que, sin un elemento centralizador de los datos, deberíamos recurrir, al menos, a soluciones basadas en la captura de tráfico de navegación en tiempo real, con los problemas que esta aproximación tiene.

10.4. Adquisición de datos

Como hemos indicado, debemos trabajar con la hipótesis de que, al menos, tenemos un proxy web en nuestra organización que es capaz de adquirir los datos de navegación (y si no lo tenemos, quizás este sea un buen momento para desplegarlo y comenzar la etapa de adquisición). Si ya tenemos un proxy (en este documento trabajaremos con SQUID, aunque los resultados, capacidades, configuraciones... son extrapolables a cualquier otro sistema), seguramente conocemos los resultados que genera: registros de un tamaño más que considerable y con un formato predeterminado, formato que, línea a línea, registra la navegación de los sistemas de la organización.

Por el proxy corporativo (o los *proxies*, pero en definitiva los elementos que centralizan y registran la navegación) debe circular todo el tráfico web corporativo sin excepción alguna: dispositivos que conectan a redes inalámbricas, equipos fijos de usuario, servidores (sí, los servidores "navegan" por sitios concretos, por ejemplo para obtener actualizaciones vía HTTP). Para ello es imprescindible que en los elementos de filtrado perimetral se prohíba toda la salida HTTP de los equipos internos, con excepción del tráfico con origen en los sistemas que conforman el proxy (evidentemente, estamos asumiendo además que la organización tiene su tráfico de salida, con excepciones justificadas, como sin duda será HTTP, filtrado); de esta forma obligamos a que todo el tráfico web (puerto 80/TCP, aunque podríamos aplicar la misma configuración para otros puertos habituales, como 8080/TCP) tenga como origen el proxy. Además, debemos hacer que los equipos internos sepan, de una u otra forma, que tienen que navegar a través de proxy, por ejemplo mediante un proxy transparente (solución quizás más escalable) o mediante políticas comunes a la organización (por ejemplo, de dominio Windows).

Cada una de las entradas de un *log* de un proxy registra, como hemos dicho, una petición HTTP, una navegación, un intercambio de datos entre dos zonas de distinta confianza: la red interna e Internet. Aunque casi todos los proxies permiten su parametrización para modificar los niveles y capacidades de registro, por defecto la información que recopilarán todos ellos será equivalente a la siguiente:

%9d.%03d	%6d	%s	%s/%03d	%d	%s	%s	%s	%s%s/%s	%s

Los campos anteriores ([38]) son el registro de los siguientes datos de cada petición HTTP realizada desde la organización hacia Internet:

1. TIME. *Timestamp* (formato Unix *epoch* con resolución de milisegundos) en el que se ha producido la petición HTTP.
2. DURATION. Duración en milisegundos de la transacción (realmente, es la duración del tiempo ocupado en memoria caché del proxy), desde que se recibe la petición hasta que se envía al cliente el último byte de respuesta.
3. CLIENT. Dirección IP del cliente que realiza la petición HTTP.
4. RESULT. Campo con dos entradas separadas por una barra que marca el resultado de la transacción.
5. BYTES. Cantidad de datos (en bytes, obviamente) entregados al cliente; coincide aproximadamente con el tamaño del recurso accedido, y NO determina datos enviados al servidor en ningún momento, tampoco en peticiones como POST.
6. METHOD. Método HTTP que se envía en la petición.
7. URL. Obviamente, esta columna contiene la URL solicitada; aunque el formato de una URL es más complejo (se puede consultar [39] para detalles), en el caso que nos ocupa se tratará de peticiones a recursos vía HTTP.
8. RFC931. *Ident* del cliente que realiza la solicitud HTTP (habitualmente, nombre de usuario, o "-" en caso de no encontrarse este).
9. HIERARCHY. Código de jerarquía; habitualmente, aunque el campo es más complejo (de nuevo, es posible consultar [38] para ampliar información), se indicará un código que refleja cómo se ha servido la petición y la dirección IP a la que se ha remitido la misma, separados por una barra.

10. TYPE. *Content-Type* del objeto accedido, a partir de la cabecera HTTP que devuelve el servidor.

A partir de estas entradas, un analista debe ser capaz de detectar usos indebidos y anomalías que puedan ser significativas de una amenaza presente en los sistemas corporativos. Por supuesto, la detección de usos indebidos es trivial: determinar la navegación irregular de servidores corporativos a partir de su dirección IP, o de usuarios administradores, a partir de su nomenclatura y del campo RFC931 que visitan páginas web es muy sencillo. El reto al que nos enfrentamos, especialmente con amenazas dirigidas, es determinar situaciones de riesgo (servidores web dañinos o equipos corporativos contaminados por malware) a través de la identificación de patrones de anomalía mediante cualquier aproximación válida, tal y como veremos a continuación.

10.5. Análisis estadístico univariable

Superando la detección de usos indebidos, la primera aproximación a la detección de anomalías que podemos hacer a partir de los datos adquiridos y presentados con anterioridad es la detección estadística: sin un conocimiento previo del entorno, ni tan siquiera del significado de cada campo concreto, podemos ser capaces de obtener de una forma sencilla los valores más habituales de cada uno de estos campos (los valores "normales") e identificar así los valores menos habituales (los "anormales"), aunque por supuesto esta anomalía no tiene por qué implicar, de forma directa, una actividad dañina.

Podemos clasificar los campos que componen cada una de las entradas de una conexión HTTP, registradas en el formato anteriormente referenciado, en las siguientes tipos en función de su medición (y a efectos de nuestro análisis):

Campo	Tipo de variable	Comentarios
TIME	Cuantitativa	Serie temporal
DURATION	Cuantitativa	
CLIENT	Cualitativa	
RESULT	Cualitativa	
BYTES	Cuantitativa	
METHOD	Cualitativa	
URL	Cualitativa	Cadenas de texto condicionadas
RFC931	Cualitativa	
HIERARCHY	Cualitativa	
TYPE	Cualitativa	

Para las variables **cuantitativas**, aquellas que pueden ser expresadas con números, podemos obtener la **distribución** de los datos que encontramos en uno o más ficheros de log del proxy (salvo en el caso de la marca de tiempo, que veremos más adelante); esto nos permitirá determinar los valores atípicos (*outliers*) para la duración de las conexiones y para la cantidad de bytes transferidos en cada una de ellas, identificando así conexiones sospechosamente lentas (o rápidas) o transferencias sospechosamente ligeras (o voluminosas). El siguiente script obtiene la distribución de un campo cuantitativo sobre un fichero de log[4]:

```
#!/bin/sh
# This script gets field distribution, in format: field,hits
# $1: Field to analyze
# $2: Log file
for i in `awk -v f=$1 '{print $f}' $2|sort -n|uniq`; do
        export i
        k=`awk -v f=$1 '$f==ENVIRON["i"] {print $0}' $2|wc -l`
        echo $i,$k|sed s/" "//g
done
```

4 Los scripts presentados en este documento deben ser considerados únicamente **pruebas de concepto**; no están optimizados ni, probablemente, ajustados a las mejores prácticas de programación, por no considerarse estos aspectos relevantes en el presente trabajo.

Por ejemplo, si ejecutamos el script anterior contra el segundo campo de un fichero de registro, obtendremos la distribución de la duración de nuestras conexiones HTTP. Habitualmente, tras eliminar datos espurios –conexiones contra ciertos servidores legítimos, que por motivos identificados son lentas–, podremos comprobar que la gran mayoría de conexiones duran menos de un segundo –en el entorno analizado, este dato deberá analizarse en cada caso concreto–, lo cual es lógico: el tráfico HTTP, la navegación de los usuarios, suele ser ágil, y los objetos descargados no son extremadamente grandes. De hecho, las conexiones con una duración superior a diez segundos (de nuevo, un umbral a personalizar en cada caso) son realmente anómalas, no superando el 5% del total (de nuevo, anomalías, aunque no necesariamente ataques). El dato de la duración de cada conexión HTTP es realmente significativo cuando lo combinamos con otros campos, como el tamaño del objeto accedido, tal y como veremos a continuación.

En el caso de variables **cualitativas**, más numerosas que las anteriores, la aproximación es más simple aún: un análisis de las **frecuencias** de aparición de cada valor ya puede arroja resultados interesantes. El siguiente script obtiene la frecuencia de aparición de un determinado campo sobre un fichero de log[5]:

```
#!/bin/sh
# This script receives the number of a field to analyze and a log file
# and returns the frequency of each value of the field (SQUID)
# $1: Field to analyze
# $2: Log file
for i in `awk -v f=$1 '{print $f}' $2|sort|uniq`; do /bin/echo -n $i"
"; grep -c $i $2; done |awk '{print $2" "$1}'|sort -nr
```

Podemos obtener, por ejemplo, las frecuencias asociadas a los métodos HTTP que aparecen en un fichero de log de la siguiente forma:

5 Realmente, podría llegar a proporcionar datos erróneos por defecto de programación, aunque como hemos indicado el objeto de este documento no es la generación de código para entorno de producción, sino la prueba de concepto rápida.

```
# ./qual 6 access.log
1129970 GET
75303 POST
6317 HEAD
2151 NONE
168 PUT
134 OPTIONS
65 SEARCH
18 PROPFIND
4 CONNECT
2 TRACE
#
```

Como vemos, los métodos más habituales son, en este orden, GET y POST, que conforman más del 99% de los existentes, frente a métodos "anómalos", como CONNECT o TRACE, que juntos no llegan a representar ni el 0,0005% de la totalidad. Con esta información podemos tener, a priori, un punto de partida interesante para que un analista comience a estudiar estas conexiones HTTP, en esta caso en relación al uso de métodos HTTP anómalos. Otros análisis interesantes para identificar posibles equipos contaminados pueden ser los relativos a los equipos de la organización que más (o menos) peticiones HTTP realizan o a los tipos de contenido más (o menos) devueltos por el servidor.

Para finalizar este apartado, recordemos que hay varios campos del formato de entrada anterior a los que aún no hemos hecho referencia: el campo URL y el campo TIME, que analizaremos más adelante.

10.6. Análisis estadístico multivariable

Los análisis que estamos realizando hasta el momento son relativamente sencillos: se trata de simples desviaciones estadísticas de un campo específico de cada uno de los registros de entrada. Evidentemente, esta aproximación presenta graves **carencias** para detectar la presencia de APT en el entorno. La primera de estas carencias es que estamos trabajando con un **análisis univariable**, y por supuesto hay campos de entrada que aportan poco o nada por sí mismos: por ejemplo, la duración excesiva de una solicitud HTTP puede ser debido tanto a una conexión excesivamente lenta como a un volumen considerable de información descargada. Para determinar si la conexión es extremadamente lenta (lo que puede ser indicativo de una exfiltración satelital) o sencillamente el tamaño del objeto accedido es grande, debemos combinar el análisis de la duración de la transacción (campo *Duration* de la nomenclatura anterior) con el análisis de los octetos transferidos (campo *Bytes*).

La segunda carencia hace referencia a las tasas de **falsos positivos** que nuestro esquema actual presenta. Que una anomalía estadística pueda asociarse casi automáticamente a la presencia de una amenaza avanzada persistente es, cuanto menos, irreal; de hecho, como comentaremos a continuación, una amenaza diseñada con un mínimo de cuidado jamás será un extremo de la campana de Gauss o implicará una frecuencia de aparición llamativa, por exceso o defecto. Es mucho más probable que estas anomalías estadísticas sean, sencillamente, funcionamientos anómalos de aplicaciones, navegadores, conexiones... o incluso malware de propósito general, como troyanos bancarios, que amenazas avanzadas persistentes tal y como las conocemos. De esta forma, una anomalía estadística univariable rara vez será significativa para nuestro objetivo: la detección de APT.

Por si las carencias anteriores no fueran suficientes, debemos recordar que estamos trabajando para detectar un tipo de amenazas muy particular entre cuyos objetivos estará siempre el pasar desapercibidas; ningún atacante será tan ingenuo como para utilizar elementos que un análisis estadístico univariable pueda detectar como anómalos: una amenaza mínimamente cuidada no empleará métodos HTTP diferentes de GET o POST, no generará conexiones excesivamente grandes, no generará periodicidades en la comunicación con los sistemas C&C y, por supuesto, los tipos de contenidos recibidos como respuesta estarán entre los habituales en la navegación web.

Así, no podemos limitarnos a un análisis tan simple como el expuesto hasta el momento para detectar amenazas que, por definición, van a ser avanzadas. Debemos ir un paso más allá, y eso nos lleva en primer lugar al análisis estadístico **multivariable**: aquél en el que se tienen en cuenta no solo los valores anómalos de una determinada variable, sino la combinación de valores poco probables en distintas variables y que da lugar, por supuesto, a anomalías estadísticamente "más anómalas" que las anteriores.

Veamos un ejemplo. Supongamos que un valor (o un rango, o la superación de un umbral...) determinado en uno de los campos que estamos analizando es estadísticamente anómalo (su frecuencia de aparición es muy baja); por hablar de un campo en concreto podemos identificar, tal y como se ha indicado previamente, las conexiones HTTP con una duración superior a diez segundos en nuestra red. Y supongamos también que en otro de los campos que analizamos sucede exactamente lo mismo, en este caso en relación al uso de un método como TRACE. Si la aparición de conexiones extremadamente lentas es anómala y la aparición de este método HTTP también lo es, la ocurrencia de conexiones TRACE extremadamente lentas es estadísticamente muy poco probable, con lo que puede resultar interesante, para detectar tráfico originado por *malware* avanzado, el identificar estas situaciones de anomalía.

En este momento, cuando comenzamos el análisis estadístico multivariable, nos encontramos con un nuevo problema: de la gran cantidad de combinaciones de valores anómalos (posibles combinaciones de dos, tres, cuatro... variables) en los campos analizados, solo una parte tendrá ocurrencias en los registros analizados y, de esa parte, solo un pequeño porcentaje estará relacionado con posibles exfiltraciones o comunicaciones con C&C. De esta forma, y volviendo al ejemplo anterior, es posible que no existan conexiones extremadamente lentas (supongamos que tienen una duración superior a diez segundos) y que estén usando el método TRACE, y si existieran, sería raro, aunque no imposible, que se correspondieran con la comunicación externa de una APT.

En cualquier caso, aunque de todas las posibles anomalías muy pocas se correspondan con aspectos interesantes para lograr nuestro objetivo, debemos considerar este el camino a seguir. Las combinaciones anómalas deben ser analizadas por un experto, que determinará si se corresponde con la comunicación externa de un *malware* o sencillamente se trata de una anomalía estadística sin mayor trascendencia. Para determinar este extremo no existen, en nuestro estado de análisis, algoritmos mágicos que sepan discernir entre las anomalías halladas: solo podrá llegar a esta conclusión un analista que, tras comprobar cada conexión, incluyendo incluso datos no registrados por el proxy (por ejemplo, *payloads* de las tramas, o datos HTTP registrados por otros elementos de adquisición), deberá ser capaz de clasificar la conexión como dañina o, simplemente, anómala.

Cuando encontramos una combinación que, además de anómala, es significativa para la detección de APT, hemos logrado nuestro objetivo: hemos encontrado la aguja en el pajar que buscábamos. A partir de ese momento podemos identificar, tanto clientes comprometidos (equipos de la organización contaminados por un *malware*), como dominios dañinos (aquellos a los que se conectan los clientes comprometidos para exfiltrar información o recibir órdenes), y tras esta identificación procederemos a realizar acciones apropiadas de respuesta: bloqueo de tráfico, análisis de *malware*, etc. Pero, lo más importante, es que hemos identificado una anomalía significativa, una anomalía presente y que está asociada a un movimiento externo. Las condiciones de anomalía podemos exportarlas a otros entornos de trabajo y, de forma mucho más rápida que hasta el momento, sin un análisis estadístico o un aprendizaje previos, podemos comenzar a detectar directamente, en esos nuevos entornos, *malware* que se comporte en lo que respecta a su movimiento externo como el identificado en el entorno analizado al inicio. Hablaremos, a partir de ahora, de **análisis de anomalías basado en el conocimiento**: sabemos, de una u otra forma (por ejemplo, porque lo hemos aprendido con un análisis previo), qué anomalías existen y, en especial, cuáles son significativas, y trasladamos ese conocimiento a un entorno nuevo, en el que confiamos que nuestros patrones de anomalía sigan siéndolo.

10.7. Análisis basado en conocimiento

Una vez hemos determinado anomalías relevantes, por métodos estadísticos o sencillamente porque alguien nos las ha indicado, podemos hablar de detección de anomalías basada en conocimiento. Ahora ya se requiere un conocimiento previo del entorno, de lo que es "normal" y "anormal", y especialmente del subconjunto de anomalías que pueden ser significativas de un ataque. Nuestros análisis, o una fuente, nos han identificado estas situaciones, y a partir de ese momento podemos extrapolarlas a otros entornos, sin que hayamos estudiado en ellos patrones de normalidad en la navegación web corporativa, con la agilidad que esto implica.

La detección de anomalías basada en el conocimiento es en parte similar a la detección de usos indebidos: especificamos directamente lo anormal porque lo conocemos de antemano, al igual que podemos especificar usos que consideramos indebidos, previamente conocidos. De hecho, las técnicas de detección son muy similares en ambos casos: sistemas expertos, máquinas de estados finitos y lenguajes de descripción. La principal ventaja de esta aproximación es, además de la agilidad que proporciona a los equipos analistas (recordemos: podemos trasladar conocimiento de un entorno a otro), la robustez del esquema: estamos reduciendo, gracias a ese conocimiento previo, las tasas de falsos positivos en la detección. Sin embargo, al igual que con los sistemas de detección de usos indebidos, si centramos nuestros esfuerzos en detectar anomalías conocidas, un cambio en los modelos de exfiltración y C&C de un malware concreto o simplemente una amenaza nueva pasarán inadvertidos para el esquema de detección.

Veamos un ejemplo sencillo. Con nuestro análisis estadístico multivariable o con la información de una fuente externa, podemos haber determinado que las conexiones de tamaño pequeño (pongamos menores de 70 KB), con un tiempo elevado (supongamos mayor de diez segundos) y, simplemente por introducir una tercera variable, que utilicen el método POST son, además de anómalas, posibles exfiltraciones satelitales. Con este conocimiento, podemos buscar este tipo de conexiones en un nuevo entorno para determinar si se están produciendo en él este tipo de anomalías o, más interesante aún, este tipo de exfiltraciones. El siguiente *one liner* realiza dicha búsqueda.

```
#!/bin/sh
# This script receives a log file and returns these outliers:
# size <70KB
# elapsed time >10000
# content-type POST
#
# $1: Log file

awk '$2>10000 && $5<70000 && $6=="POST" {print $0}' $1
```

Si lo ejecutamos contra un archivo de registro de nuestro proxy, obtendremos las entradas que se corresponden con los parámetros especificados con anterioridad; generalmente serán pocas, en relación al número total de entradas, y deberemos analizarlas para determinar si se trata de falsos positivos o, realmente, de exfiltraciones satelitales.

10.8. EL CAMPO TIME

El campo TIME, como se ha indicado previamente, conforma una marca de tiempo en formato Unix *epoch*, con precisión de milisegundos. Sobre este campo podemos hablar de detección de anomalías en **series temporales**, como subconjunto de la detección de anomalías estadísticas: estudiaremos aspectos, como las ráfagas de peticiones o los patrones de periodicidad, que pueden ser indicativos de la presencia de APT; además, la marca de tiempo nos permitirá identificar anomalías en el volumen de visitas mantenido en el tiempo a ciertos destinos, que puede ser significativo del contacto con servidores C&C o de exfiltración de unas pocas máquinas comprometidas.

El primer análisis sobre el que intervienen las series temporales es el relativo a la periodicidad de las conexiones. Las amenazas menos avanzadas suelen identificarse fácilmente mediante la determinación de una frecuencia muy alta de conexiones con servidores externos. Ciertos tipos de malware conectan con estos servidores, por ejemplo, cada segundo, cada diez segundos o cada minuto, lo que volumétricamente representará, con una probabilidad muy alta, una anomalía estadística pura: no tenemos más que identificar los equipos que más conexiones establecen en la organización, cribar los falsos positivos y, sobre el resultado, analizar con qué máquinas no confiables conectan dichos equipos. Así podremos identificar fácilmente estas amenazas, correspondientes en muchos casos a troyanos bancarios o malware avanzado antiguo, que no incorpora capacidades para pasar desapercibido como lo hacen las amenazas avanzadas actuales.

También son interesantes para un estudio estadístico, aunque menos utilizadas por el malware –tanto convencional como avanzado–, las ráfagas de conexiones. A priori, será anómalo que un equipo de la organización que mantiene una línea base de conexiones determinada comience a lanzar peticiones HTTP de forma significativa contra servidores externos sin un motivo aparente. Esta puede ser una buena técnica para la detección rápida de contaminaciones comunes: malware que infecta un sistema y automáticamente comienza a realizar peticiones de forma masiva, pero, como hemos dicho, no suele ser efectiva para la detección de malware avanzado.

Pero el aspecto más interesante en la detección de anomalías HTTP en lo que respecta al uso de las marcas de tiempo es, sin duda, la posibilidad de identificar malware sigiloso (no sé si es la mejor traducción para *stealthy*): amenazas discretas que, en su afán por pasar desapercibidas, jamás lanzarán ni un volumen elevado de conexiones HTTP, ni ráfagas que alteren significativamente una línea base, ni nada parecido. Recordemos que el atacante avanzado tratará por todos los medios de pasar desapercibido, con lo que generar comportamientos que, de forma estadística directa, ya se consideren anómalos será algo que tendrá que evitar.

Con este objetivo de pasar desapercibido, un malware se comportará de manera discreta, simulando en la medida de lo posible una navegación normal; tratará por todos los medios de no generar ningún tipo de anomalía estadística fácilmente identificable, respetando incluso el horario laboral del personal de la organización, y por supuesto no generará volumetrías significativas, no utilizará servidores externos que se identifiquen en listas negras de dominio público o no se identificará mediante un *User-Agent* distinto a los que legítimamente estén desplegados en la organización. Evidentemente, identificar estas contaminaciones es equivalente a buscar la aguja en el pajar, convirtiéndose así en el gran reto del analista de seguridad.

En esta situación, ¿dónde entra en juego la variable temporal, la marca de tiempo de cada solicitud HTTP? Debemos jugar con ventanas temporales, identificando situaciones de anomalía en cuanto a las frecuencias de solicitud de servidores remotos por parte de la organización, por ejemplo, determinando hosts visitados con una determinada frecuencia mínima (diaria, semanal...) por parte de un conjunto de clientes relevante, esto es, más de un número mínimo pero menos de un volumen tope. Así podremos identificar sistemas que son accedidos, por ejemplo, de forma diaria –respetemos los días laborables, ya que un malware avanzado los conocerá y, de esta forma, no conectará con el exterior en fines de semana o festivos– por al menos unos cuantos equipos de la organización pero por menos de un número máximo. ¿Es normal que un servidor sea accedido diariamente por, digamos, más de tres pero menos de diez clientes? Seguramente no lo será, y una vez hayamos descartado falsos positivos, esta será una de las líneas de investigación principales de un analista para identificar servidores dañinos, de exfiltración o C&C.

10.9. El campo URL

Hasta ahora no hemos hablado del campo URL, sin duda uno de los más relevantes de cada registro de navegación y uno de los más útiles en la detección de comunicaciones del *malware* con sus servidores de exfiltración o C2. Aunque el formato de una URL (definido en [39]) es realmente más complejo que la aproximación que realizaremos, para nosotros una URL simplemente será una cadena de texto condicionada en la que, además del protocolo (HTTP, ya que estamos hablando de anomalías en este tipo de tráfico), tendremos tres cadenas de texto condicionado, de esta forma: http://DST_HOST/DIRECTORY/OBJECT

El campo que hemos denominado DST_HOST hace referencia al nombre o dirección IP del servidor web, DIRECTORY es la identificación del directorio dentro de este al que accedemos y finalmente OBJECT es el nombre del objeto que solicitamos. Evidentemente, estos parámetros, en su conjunto, conforman una variable cualitativa, pero con una dispersión tal que las aproximaciones a la detección de anomalías indicadas hasta ahora no van a producir ningún resultado útil.

El primero de los campos anteriores, el campo DST_HOST, suele ser una cadena de texto condicionada que marca el nombre del servidor web al que se dirige una petición. En ocasiones es también una dirección IP, pero en este caso las aproximaciones automáticas para la identificación de exfiltraciones van más en la línea de los usos indebidos que en la de la detección de anomalías: direccionamientos dañinos, países hostiles (geolocalización de direcciones), etc. Así, asumiremos que este campo es un nombre de servidor web, un FQDN (*Fully Qualified Domain Name*), que incluye tanto el nombre del servidor accedido como el dominio que se le anexa para conformar el nombre del servidor completo: www.s2grupo.es podría ser un ejemplo de FQDN, siendo "www" el nombre del servidor y "s2grupo.es" el dominio. A su vez, el nombre de dominio finaliza en lo que denominamos un nombre de dominio de nivel superior, TLD por sus siglas en inglés (*Top Level Domain*). De esta forma, cuando navegamos por un servidor web, tenemos la siguiente estructura en el campo DST_HOST:

FQDN	www.s2grupo.es
Nombre de máquina	www
Nombre de dominio	s2grupo.es
TLD	es

Los TLD pueden conformar por sí mismos una variable cualitativa, por lo que podemos aplicar sobre ellos la misma aproximación que sobre otras variables del mismo tipo asociadas a la navegación y analizadas hasta ahora, podemos extraer del campo URL los diferentes TLD accedidos y ver sobre ellos los más o menos frecuentes en cada caso. El siguiente script obtiene esta información:

```
#!/bin/sh
# This script receives a proxy log and returns TLD frequency
# $1: Log file
awk '{print $7}' $1 | awk -F/ '{print $3}' | awk -F. '{print $NF}' >foo;
for i in `sort foo | uniq`; do j=`grep -w $i foo | wc -l`; echo $i $j;do-
ne | grep ^[a-z] | awk '{print $2" "$1}' | sort -rn; rm foo
```

Ejecutando el script anterior sobre un fichero de log, ya encontramos ciertos resultados interesantes para determinar anomalías en la navegación web de nuestra organización:

```
$ ./TLD access.log | tail -25
6 museum
6 as
5 tw
4 xxxxxxxxxxx
4 tk
4 ph
4 li
4 in
3 tl
3 asia
2 ylqvaxstow
2 vkdisrznxl
2 rxbehrkyvs
2 pplugrzjmt
2 oqrcwqnehh
2 mobi
2 la
2 jzttvxryyu
2 fmyfyojguf
2 fdvxtxcfet
2 do
2 brkaykkgxn
1 proxyforms
1 lk
1 com:25
$
```

Podemos observar, sobre los veinte TLD menos accedidos del registro, el intento de navegación por un puerto 25 (SMTP), un TLD (realmente una URL) compuesto por once caracteres 'x' (correspondiente al uso de la herramienta Nessus para determinación de vulnerabilidades) y, finalmente, unos TLD más que curiosos, compuestos por diez caracteres aparentemente aleatorios. Tras una pequeña investigación de esta curiosidad, podemos determinar que se trata de un comportamiento legítimo del navegador Chrome, con el que podemos estar más o menos de acuerdo desde el punto de vista técnico, pero que a priori no es significativo de la presencia de ningún tipo de malware en la red corporativa.

Otras anomalías en la URL son las relativas al nombre del dominio o máquina accedidos, entendidos como cadenas de texto condicionadas –no entraremos en esta etapa en las anomalías asociadas a la resolución DNS de los *hosts*–. En este caso debemos buscar nombres que se salgan de los parámetros habituales de normalidad: cadenas con un número de vocales anómalo, nombres de dominio especialmente largos, cadenas demasiado entrópicas, cadenas con una LMS (*Longest Meaningful Substring,* subcadena más larga con significado) mínima –esto es, que no representen nada coherente–, etc.

Una técnica muy utilizada por campañas de APT en la actualidad es el uso de cadenas legítimas en dominios no legítimos; por ejemplo, yahoo.com sería un dominio correcto, pero yahooxxxx.com, yahoo-xxxx.com o yahoo.xxxx.com, por citar unos ejemplos, son nombres a priori sospechosos; aquí podemos aplicar cálculos de LMS condicionadas, buscando subcadenas válidas sobre nombres que no sean el original del dominio, otra anomalía, ya que a priori no es lo habitual utilizar el nombre de un dominio válido sobre una web que no esté asociada a ese dominio concreto.

Adicionalmente, se utilizan también nombres de dominios próximos a dominios legítimos (por ejemplo, un dominio legítimo es microsofttranslator.com y uno similar, pero que no tiene nada que ver con el original, es microsofttraslator.com). Para identificar estas situaciones, es necesario recurrir al cálculo de la distancia entre cadenas de texto (distancia de Levenshtein) con algoritmos como Levenshtein o Viterbi. Si desplegamos una capacidad llevando a la práctica esta aproximación, nos encontraremos, seguramente, un problema inesperado, pero muy sencillo; como casi siempre al hablar de seguridad, este problema se llama "usuarios": nos equivocamos al teclear las direcciones de las páginas que queremos visitar. ¿Quién no ha tecleado alguna vez gogle.com en lugar de google.com? Podríamos ampliar el esquema para detectar solo cadenas cercanas asociadas a dominios que son resueltos satisfactoriamente, con lo que a priori eliminaríamos todos los falsos positivos relativos a este problema. Pero solo a priori, por una sencilla razón: muchos de esos dominios son registrados y apuntan a direccionamientos válidos (podemos discutir lo legítimos o no que son sus contenidos, pero técnicamente sus direccionamientos son correctos); son habitualmente utilizados como publicidad o simplemente para marcarlos como disponibles, por si a un tercero le interesa su reserva, pero convierten nuestra aproximación a la detección de cadenas anómalas en casi estéril, debido al número de falsos positivos que generará. De esta forma, una presunta anomalía que puede proporcionarnos mucha información útil no nos es útil, por lo que debemos complementarla con más información de nuestros logs: podemos restringir los análisis, por ejemplo, a aquellos dominios próximos a dominios legítimos y que hayan sido navegados por al menos X usuarios de nuestra organización, o que se visiten durante N días de los últimos X. Así, aplicando más condiciones a nuestra anomalía, empezaremos a obtener resultados útiles en las URL por las que los usuarios de la organización navegan.

10.10. Aprendizaje automático

El aprendizaje automático es sin duda el objetivo ideal de todo sistema de detección de anomalías; la idea, solo la idea, es sencilla: el sistema debe aprender por sí mismo lo que es normal en nuestro entorno para detectar, a partir de ahí, lo anormal. A todos los condicionantes y problemas a los que hacíamos referencia al principio de este documento, debemos unir uno mayúsculo: estamos hablando de modelos que por sí mismos son capaces de identificar la anomalía. Si ya la identificación no automática, que hemos ido desgranando en este documento, es compleja, la idea de diseñar entornos autónomos que sin intervención humana, o con una intervención mínima, nos ayuden a detectar amenazas sigilosas es francamente compleja.

En general, las aproximaciones basadas en el aprendizaje automático tienen dos grandes problemas a la hora de detectar APT en la organización. El primero de ellos es la dificultad para determinar una línea base de normalidad. La cantidad de parámetros que intervienen en esta línea es elevado y difícil de modelizar, y debemos lograr el rango de trabajo adecuado para que pequeñas variaciones no significativas con respecto a la línea base no alerten al analista –el número de falsos positivos y las horas de trabajo invertidas en su análisis serían con toda probabilidad inabordables, pero sin perder de vista que las variaciones significativas sí que generen la investigación correspondiente. Y todo ello evolucionando poco a poco en el tiempo, aprendiendo el sistema los cambios en la normalidad del entorno que se vayan produciendo... A estos problemas para la determinación de la línea base de normalidad y su posterior gestión se añade una dificultad adicional: si cuando identificamos esta *baseline,* el entorno ya está contaminado por un malware, dirigido o no, probablemente muchos sistemas de aprendizaje automático consideren esta contaminación como normal, por lo que no alertarán de la presencia de elementos contaminados y su progresión en el tiempo, lo que evidentemente impactará mucho en la seguridad de la organización. Dicho de otra forma: tendremos al enemigo en casa y lo consideraremos normal.

El segundo de los problemas es el sigilo de una contaminación realmente avanzada. No hablamos, por ejemplo, de troyanos bancarios generalistas, sino de malware sigiloso diseñado para no hacer ruido, tal y como hemos indicado previamente. Las variaciones que este tipo de amenazas realizarán sobre cualquier modelo de normalidad establecido en la organización son mínimas, por lo que seguramente se englobarán por debajo del umbral de alerta, pasando así completamente desapercibidas, que recordemos será el objetivo de la mayor parte de ataques avanzados.

Con este panorama el aprendizaje automático para la detección de anomalías es un elemento a considerar, por supuesto, pero su utilidad en el ámbito real queda reducida a la identificación de amenazas menos avanzadas y sigilosas, permaneciendo las realmente dañinas fuera de las capacidades automáticas de aprendizaje y detección. Es una línea a investigar y desarrollar, pero con una utilidad cuestionada a día de hoy para hacer frente a *malware* complejo.

10.11. Mejoras al esquema

A lo largo del presente documento hemos trabajando en la detección de anomalías con una capacidad determinada de adquisición de datos: los registros de un proxy corporativo. Sobre estos datos hemos aplicado diferentes capacidades de análisis con el objetivo de identificar la contaminación por malware avanzado en una organización, viendo cómo el análisis de diferentes elementos, desde la anomalía estadística univariable hasta las anomalías en las cadenas que conforman la URL solicitada, pueden ser de utilidad para lograr nuestro objetivo.

Una mejora inmediata es el **incremento de la información adquirida** relativa a la navegación web de los usuarios corporativos. Los datos que habitualmente un proxy como SQUID, el utilizado como base para el presente documento, o cualquier otro equivalente, aportan a un analista son limitados. Aunque casi todos los *proxies* estándar pueden ser configurados para incrementar su nivel de registro, esta configuración no suele ser habitual ni, en muchos casos, asumible, por el incremento de recursos computacionales que irremediablemente implica cualquier aumento del nivel de *log*, por lo que una solución para incorporar a nuestras capacidades es el uso de sistemas como *Passive Proxy*, que mediante técnicas de *sniffing* –no requieren instrumentación de ningún tipo, con las facilidades que esto aporta a su despliegue– son capaces de adquirir datos de navegación muy importantes para el trabajo de un analista en su objetivo de detectar sistemas contaminados. El despliegue de estas capacidades aportará, por ejemplo, campos que un proxy no registra de manera estándar y que pueden ser muy relevantes en nuestro trabajo, como la firma del navegador utilizado (*User-Agent*), el origen –si existe– desde el que se accede a una URL (*Referer*), las cookies o el tipo con el que se identifica al servidor accedido (*Server*). Evidentemente, esta información es muy útil para identificar amenazas a través de la detección de anomalías en ellos, como por ejemplo el grado de entropía de las cookies (anomalías en cadenas de texto), que puede ser significativo de exfiltración de información cifrada a través de las cookies de navegación o los navegadores menos utilizados en la organización (anomalía estadística univariable).

En el apartado correspondiente a anomalías en la URL hemos realizado un análisis desde el punto de vista de la identificación de anomalías sobre cadenas de texto condicionadas –en nuestro caso, que cumplen un determinado formato–. Realmente, este esquema de búsqueda sobre cadenas puede y debe ser ampliado mediante la identificación de anomalías en la **resolución de nombres DNS**. Más que en la identificación de anomalías en cadenas de texto condicionadas, debemos trabajar en la detección de anomalías en el propio funcionamiento del sistema de nombres de dominio, sistema básico tanto en las tareas maliciosas de exfiltración y comunicación con C&C como en el uso normal y legítimo que a diario hacemos de Internet; con este propósito, un buen punto de partida puede ser [40].

Junto al tráfico web y al tráfico DNS, el **correo electrónico** es con frecuencia la tercera gran vía de exfiltración, ya que suele estar también permitida su salida en el cortafuegos de las organizaciones[6]. Por este motivo, una mejora al esquema, que complemente a la adquisición, procesamiento y análisis de datos HTTP y DNS vistos hasta el momento, es el despliegue de estas capacidades sobre los correos electrónicos salientes, tráfico SMTP, de la organización, con el objetivo que hemos marcado desde el principio: detectar posibles contaminaciones en los sistemas corporativos.

Por supuesto, todas las mejoras anteriores van orientadas a la detección del movimiento externo de un malware dirigido. No hemos entrado en el despliegue de capacidades de adquisición, procesamiento y análisis de datos con el objetivo de detectar **movimientos laterales** de estas amenazas, un frente complejo pero necesario para luchar contra la contaminación de nuestras organizaciones por parte de APT. Este será, esperemos, el trabajo de un próximo documento.

Si adicionalmente a todas las mejoras propuestas tuviéramos toda la información que hemos adquirido normalizada e integrada en una **base de datos única**, el equipo analista dispondría de

6 Recordemos: solo debe navegar el proxy corporativo, solo deben enviar correos al exterior los servidores SMTP y solo pueden hacer consultas DNS externas los servidores DNS de la organización. Estos tráficos desde otros sistemas, por ejemplo equipos de usuario, hacia Internet deben ser prohibidos y registrados, para posterior análisis, en el firewall.

una referencia especialmente útil para la identificación de situaciones de anomalía y posible contaminación en la organización; y si además de esta base de datos común tuviéramos la capacidad de definir **catálogos de anomalías**, con una identificación de anomalías y usos indebidos en diferentes protocolos y contextos (exfiltración a través de múltiples protocolos, movimientos laterales de las amenazas, capacidades HIDS especialmente orientadas a la detección de malware avanzado...), en los que los analistas puedan incorporar nuevas capacidades y reglas de detección y, por supuesto, intercambiar conocimiento entre equipos de una forma estandarizada, habríamos dado un paso muy importante en la detección, identificación y análisis del malware avanzado que a diario ataca nuestras organizaciones.

11 | Anexo: Acrónimos

AET (*Advanced Evasion Techniques*). Técnicas de evasión avanzadas.

APT (*Advanced Persistent Threat*). Amenaza persistente avanzada.

AVT (*Advanced Volatile Threat*). Amenaza volátil avanzada.

C2, C&C (*Command & Control*). Sistemas de mando y control del malware, generalmente entornos comprometidos por los atacantes, sin relación directa con ellos.

CNA (*Computer Network Attack*). Ataque de redes y sistemas (subdivisión de CNO).

CND (*Computer Network Defense*). Defensa de redes y sistemas (subdivisión de CNO).

CNE (*Computer Network Exploitation*). Explotación de redes y sistemas (subdivisión de CNO).

CNO (*Computer Network Operations*). Operaciones de redes y sistemas.

COMINT (*Communications Intelligence*). Inteligencia de Comunicaciones.

CYBINT (*Cyber Intelligence*). Ciberinteligencia.

DLP (*Data Loss Prevention*). Soluciones para detectar la fuga de información, especialmente voluntaria, de una organización.

DNS (*Domain Name System*). Sistema de nombres de dominio, que asocia nombres y direcciones IP.

FCFA (*First Cut Forensic Analysis*). Análisis inicial de un sistema sospechoso para determinar si la probabilidad de compromiso es significativa o no.

FFCCSE. Fuerzas y Cuerpos de Seguridad del Estado.

FQDN (*Fully Qualified Domain Name*). Nombre de sistema unido a nombre de dominio.

FTP (*File Transfer Protocol*). Protocolo de transferencia de ficheros.

GIR. Grupo de Intervención Rápida.

HTTP (*Hyper Text Transfer Protocol*). Protocolo de transferencia de hipertexto, usado habitualmente para navegación web.

HTTPS (*Secure Hyper Text Transfer Protocol*). HTTP seguro mediante técnicas de cifrado.

HUMINT (*Human Intelligence*). Inteligencia de fuentes humanas.

IDS (*Intrusion Detection System*). Sistema de detección de intrusos.

IOC (*Indicator of Compromise*). Indicador de compromiso.

IPS (*Intrusion Prevention System*). Sistema de prevención de intrusiones.

IRC (*Internet Relay Chat*). Protocolo de comunicación en tiempo real, basado en texto plano.

ISAC (*Information Sharing and Analysis Center*). Centros de intercambio de información estadounidenses.

LMS (*Longest Meaningful Substring*). Subcadena más larga con significado dentro de una cadena de texto.

MILDEC (*Military Deception*). Decepción, engaño al contrario en el ámbito de operaciones militares.

OSINT (*Open Source Intelligence*). Inteligencia de fuentes abiertas.

P2P (*Peer to Peer*). Protocolo de intercambio de información punto a punto.

PAN (*Personal Area Network*). Red de área personal.

P&V (*Patches & Vulnerabilities*). Parches y vulnerabilidades (habitualmente referido al procedimiento operativo).

RDP (*Remote Desktop Protocol*). Protocolo de escritorio remoto desarrollado por Microsoft.

SIGINT (*Signals Intelligence*). Inteligencia de señales.

SMB (*Server Message Block*). Protocolo para compartición de recursos entre sistemas de una red.

SMTP (*Simple Mail Transfer Protocol*). Protocolo de transferencia simple de correo, para intercambio de correo electrónico.

TECHINT (*Technical Intelligence*). Inteligencia técnica.

TIP. Tarjeta de Identidad Profesional, identificación de una persona (típicamente mediante un número) que evita dar a conocer su identidad.

TLD (*Top Level Domain*). Dominio de nivel superior, categoría más alta de los FQDN.

TTP (*Tactics, Techniques and Procedures*). Tácticas, técnicas y procedimientos empleados por un tercero.

UUCP (*Unix to Unix Copy Protocol*). Protocolo de copia de archivos entre entornos Unix, actualmente en desuso.

WARP (*Warning, Advice and Reporting Point*). Centros de intercambio de información británicos.

XML (*eXtensible Markup Language*). Lenguaje de marcas utilizado para almacenar datos de forma legible.

12 | Referencias

[1] CIA Factbook on Intelligence, 2002.

[2] Ley 11/2002, reguladora del Centro Nacional de Inteligencia.

[3] Ramón Pinuaga, Miguel Ángel Hernández. *Operaciones APT famosas*. http://www.areopago21.org/2014/04/operaciones-apt-famosas.html

[4] Gartner. *Five Styles of Advanced Threat Defense*. Agosto, 2013.

[5] Wikipedia. *List of intelligence gathering disciplines*. http://en.wikipedia.org/wiki/List_of_intelligence_gathering_disciplines

[6] Nikos Virvilis, Dimitris Gritzalis. *What we did wrong in APT detection?* 2013 International Conference on Availability, Reliability and Security.

[7] Office of the Director of National Intelligence. *Intelligence Community Information Sharing Strategy*. 2008.

[8] Eric Cole. *Advanced Persistent Threat. Understanding the danger and how to protect your organization*. Elsevier, 2013.

[9] CIH. *The Malware Encyclopedia*. http://malware.wikia.com/wiki/CIH

[10] GData Security Labs. *Uroburos: highly complex espionage software with Russian roots*. Febrero, 2014.

[11] Kaspersky. *Unveiling "CARETO" - the masked APT*. Febrero, 2014.

[12] Mandiant. *APT1. Exposing one of China's Cyber Espionage Units*. Febrero, 2013.

[13] ZScaler. *Alleged APT Intrusion Set: "1.php" Group*. 2011.

[14] CrySyS. *Duqu: a Stuxnet-like malware found in the wild*. Laboratory of Cryptography and System Security. Budapest University of Technology and Economics. Octubre, 2011.

[15] Kaspersky. *The NetTraveler*. Junio, 2013.

[16] Dmitri Alperovitch. *Revealed: Operation Shady RAT*. McAfee. Agosto, 2011.

[17] Cliff Stoll, *The cuckoo's egg: tracking a spy through the maze of computer espionage*. Pocket books, 1989.

[18] Cassidian CyberSecurity Blog. *APT Kill chain – Part 3: Reconnaissance*. http://blog.cassidiancybersecurity.com/tag/APT

[19] George Pajari. *USB Flash Storage Threats and Risk Mitigation in an Air-Gapped Network Environment*. CANSECWEST Vancouver 2014.

[20] Daniel Crowley. *Jack of all Formats*. Trustwave SpiderLabs, 2010.

[21] Securelist. *Full analysis of Flame's Command & Control servers*. Septiembre, 2012. http://securelist.com/blog/incidents/34216/full-analysis-of-flames-command-control-servers-27/

[22] Peter Mattis. *The analytic challenge of understanding Chinese Intelligence Services. Studies in Intelligence*. Vol 56, No. 3. Septiembre, 2012.

[23] Ptacek, Newsham. *Insertion, Evasion, and Denial of Service: Eluding Network Intrusion Detection*. Enero, 1998.

[24] NATO. *NATO glossary of terms and definitions. AAP-6 (2008)*. NATO Standarization Agency. 2008.

[25] Karl de Leeuw, Jan Bergstra (Ed.). *The history of Information Security. A Comprehensive Handbook*. Elsevier, 2007.

[26] INSA. *Operational levels of cyber intelligence*. Intelligence and National Security Alliance. Cyber Intelligence Task Force. Septiembre, 2013.

[27] FireEye. *APT28: A window into Russia's Cyber Espionage Operations?* FireEye. Octubre, 2014.

[28] Amy Elisabeth Brown. *Directed or diffuse? Chinese Human Intelligence targeting of US Defense Technology.* Georgetown University. Abril, 2009.

[29] Gábor Ács-Kurucz, Zoltán Balázs, Boldizsár Bencsáth, Levente Buttyán, Roland Kamarás, Gábor Molnár, Gábor Vaspöri. *An independent test of APT attack detection appliances.* MRG Effitas and CrySyS Lab. Noviembre, 2014.

[30] Townsend, Ludwick, McAllister, Mellinger, Sereno. *SEI Emerging Technology Center: Cyber Intelligence Tradecraft Project.* Carnegie Mellon Software Engineering Institute. Enero, 2013.

[31] Joint Chiefs Of Staff. *Joint Publication 3-13. Information Operations.* US Department of Defense. Noviembre, 2014.

[32] Mark A. Stokes, Jenny Lin, L.C. Russell Hsiao. *The Chinese People's Liberation Army Signals Intelligence and Cyber Reconnaissance Infrastructure.* Project 2049 Institute. Noviembre, 2011.

[33] Jonathan Racicot. *The Past, Present and Future of Chinese Cyber Operations.* Canadian Military Journal. Vol 14. No. 3. Verano, 2014.

[34] Antonio Sanz Alcober. *China y el ciberespionaje: Sun Tzu, APT1 y los tiempos interesantes.* VIII Jornadas CCN-STIC. Diciembre, 2014.

[35] James P. Anderson. *Computer security threat monitoring and surveillance.* Technical report, James P. Anderson Co., Abril 1980.

[36] Dorothy E. Denning. *An Intrusion-Detection Model.* IEEE Transactions on software engineering, Vol. SE-13, No. 2, Febrero, 1987.

[37] P. García-Teodoro, J. Díaz-Verdejo, G. Maciá-Fernández, E. Vázquez. *Anomaly-based network intrusion detection: Techniques, systems and challenges.* Elsevier ScienceDirect Computers & Security. Enero, 2008.

[38] http://wiki.squid-cache.org/Features/LogFormat

[39] IETF Network Working Group. *RFC 1738: Uniform Resource Locators (URL)*. Diciembre, 1994.

[40] Leyla Bilge, Engin Kirda, Christopher Kruegel, Marco Balduzzi. *EXPOSURE: Finding malicious domains using passive DNS analysis*. NDSS 2011, 18th Annual Network and Distributed System Security Symposium. Febrero, 2011.

[41] Erika C. Leach. *Mitigating insider sabotage and espionage: a review of the United States Air Force's current posture*. US Air Force Institute of Technology. Marzo, 2009.

[42] CIA. *Israel. Foreign intelligence and Security Services*. Marzo, 1979.

[43] Khalid Walid Mahmoud. *Cyber Attacks: the Electronic Battlefield*. Arab Center for Research & Policy Studies. Diciembre, 2013.

[44] Jeffrey Car. *Inside Cyber Warfare: Mapping the Cyber Underworld. 2nd Edition*. O'Reilly, 2011.

[45] Jonathan Littell. *The Security Organs of the Russian Federation. A brief history 1991-2005*. Post-Soviet Armies Newsletter. Psan Publishing House, 2006.

[46] Steve Topletz, Jonathan Logan, Kyle Williams. Global Spying: realistic probabilities in modern signals intelligence. Julio, 2009.

[47] Eric M. Hutchins, Michael J. Cloppert, Rohan M. Amin. *Intelligence-Driven Computer Network Defense Informed by Analysis of Adversary Campaigns and Intrusion Kill Chains*. 6th International Conference on Information Warfare and Security, The George Washington University. Marzo, 2011.

[48] Ryan Stillions. *On TTPs*. http://ryanstillions.blogspot.com/2014/04/on-ttps.html. Abril, 2014.

[49] Sergio Caltagirone, Andrew Pendergast and Christopher Betz. *Diamond Model of Intrusion Analysis*. Center for Cyber Threat Intelligence and Threat Research. Hanover, MD, Technical Report ADA586960, Julio 2013.

[50] Joint Chiefs Of Staff. *Joint Publication 1-02. Department of Defense Dictionary of Military and Associated Terms*. US Department of Defense. Marzo, 2014.

[51] http://www.intelligence.gov/mission/member-agencies.html

[52] AF ISR. *Air Force ISR 2023: delivering decision advantage. A strategic vision for the AF ISR enterprise*. US Department of Defense.

[53] US Coast Guard. *USCG Cyber Strategy*. US Department of Homeland Security. Enero, 2015.

[54] DIA. 2012-2017 *Defense Intelligence Agency Strategy*. http://www.dia.mil/Portals/27/Documents/About/2012-2017-DIA-Strategic-Plan.pdf

[55] GAO. *Defense Department Cyber Efforts. DoD faces challenges in its cyber activities*. Julio, 2011.

[56] Jeffrey T. Richelson. *The US Intelligence Community*. Westview Press. Julio, 2015.

[57] Le Monde. *La France suspectée de cyberespionnage*. http://www.lemonde.fr/international/article/2014/03/21/la-france-suspectee-de-cyberattaque_4387232_3210.html. Marzo, 2014

[58] Roland Heickerö. *Emerging Cyber Threats and Russian Views on Information Warfare and Information Operations*. FOI. Swedish Defence Research Agency. Marzo, 2010.

www.ingramcontent.com/pod-product-compliance
Lightning Source LLC
LaVergne TN
LVHW010922051026
849532LV00003B/807
9788416926091